주식회사
랩추종윤

주식회사 랩추종윤

신박한 뉴미디어 비즈니스의 출현

bs
브레인스토어

스쳐 지나갈 뻔했지만
혼자가 어렵다면 환상의 짝꿍을 찾아라

축구를 TV로만 보는 시대는 끝났다. 이건 축구라는 종목을 넘어 모든 스포츠, 모든 분야에 해당한다. '크리에이터'라 불리는 1인 미디어 창작자가 범람하는 시대. 수많은 크리에이터가 등장하고 그에 비례해 콘텐츠가 생겨나고 또 사라지길 반복하는 시대. 우리는 남들과는 차별화된 콘텐츠를 양산하며 그 속에서 우직하게 뿌리내리고 있는 '축구 크리에이터'다.

성공하지 못한 축구 선수, 그리고 주목받지 못했던 스포츠 캐스터가 만나 지금만큼 시너지가 나올 거라고 누가 예상했을까? 또 우리는 확신을 가지고 이 일을 시작했을까?

종윤_ 내가 스포티비에서 캐스터로 일 시작한 게 2013년이었고,
　　　형은 몇 년도였지?

주헌_ 기억 안 나.

종윤_ 2012년이었을 거야. 내가 입사했을 때 형은 이미 스포티비 메인급 해설위원이었어. 그때 나는 거의 K리그 챌린지 현장에만 나갔으니까, 우리가 마주칠 일은 없었지.

주헌_ 그럼 같이 중계한 건 시간이 꽤 지나서였나?

종윤_ 그렇지, 내가 비중 있는 경기를 맡게 되면서부터. 8번 정도 같이 중계했던 것 같아.

본격적으로 함께 호흡을 맞춘 지도 어느덧 6년. 지금의 우리가 있기까지 모르긴 몰라도 가족보다 많은 시간을 함께 보냈을 것이다. 실과 바늘처럼 붙어 다니다 보니 이제 서로(아니, 주로 내가 형의) 기억의 조각을 대신 맞춰주는 건 그다지 놀라운 일도, 어려운 일도 아니다.

종윤_ 같이 했던 첫 중계는 2013년 가을쯤, 챔피언스리그 아스널 대 도르트문트 경기였어. 내가 챔피언스리그 중계 들어간 지 얼마 안 됐을 때였는데, 그런 중요한 매치업을 맡게 돼서 정확히 기억나.

주헌_ 나는 챔피언스리그 중계를 자주 할 때였으니까 막내급 캐스터인 너를 나랑 붙여줬나 보다.

종윤_ 뭐, 그래서 들뜬 마음으로 기다리고 있었는데 형이 저벅저벅 사무실로 들어왔어, 그 특유의 걸음걸이로. 그때는 감히 형이라고도 못할 때였으니까, "위원님, 저 오늘 위원님이랑 중계해요" 그랬더니 형이 뭐라 그랬게?

주헌_ 뭐라고 했는데?

종윤_ "너랑?" 그러는 거야. 내가 "네!" 하니까, "너랑 한다고?" 하면서 재차 물어보더라고.

주헌_ 너 되게 당황스러웠겠다.

종윤_ 그랬지. '너 같은 신입이 이 중요한 경기를 해?'로 들렸거든. 나랑 하는 게 못마땅한가 싶었어.

주헌_ 사실 그게 아니었던 게, 나는 캐스터를 안 타잖아. 누구랑 붙어도 상관없어.

종윤_ 미안한데 형, 캐스터 많이 타. 엄청 타. 호불호가 없는 거지.

주헌_ 그래. 왜 해설위원 중에 "이 캐스터 별로야, 저 캐스터는 좋아" 하는 분들도 있잖아, 서로 호흡이 중요하니까. 그런데 나는 그런 건 없다는 거지.

종윤_ 맞아. 나중에 형을 알고 보니까, 좋게 말하면 캐스터를 안 타는 거고 나쁘게 말하면 신경을 안 쓰는 사람이더라고. 그때 그 말도 단지 '너랑? 나 너랑 처음인데?' 그 뜻이었던 것 같고.

주헌_ 그렇지. 원래 하던 다른 캐스터들은 무슨 일 있나? 정도의 의미였지. 네가 긴장을 해서 더 예민하게 받아들였겠다. 지금 생각하니까 좀 미안하네.

긴장과 설렘으로 가득 찼던 그 하루를 오롯이 기억하는 한 사람과 여느 때와 다름없는 중계로 기억하는 한 사람. 우리 둘의 조합이 첫선

주식회사 랩추종윤

을 보였던, 어쩌면 지금의 우리를 있게 한 시발점인 그날의 우리는 어땠을까.

종윤_ 나는 그 중계가 아직도 생생한 게, 개인적으로 여러 가지 만족스러웠거든. 내가 그렇게 좋아하는 아스널 경기도 처음, 챔피언스리그를 라이브로 중계한 것도 처음이었어. 특별히 실수한 것도 없이 회사 메인 해설위원과 성공적인 중계를 했으니 기억에 남지 않을 수가 없지.

주헌_ 그랬구나. 나는 그냥 지나가는 중계 중 하나였는데, 너는 이렇게나 만족한다니까 갑자기 화끈거린다. 혹시 내가 헛소리는 안 했어?

종윤_ 응, 다행스럽게도. 만약 헛소리했으면 나도 생각했을 거야. '뭐 이런 사람이 메인 해설위원이야?' 그런데 그런 기억은 전혀 없어.

주헌_ 나는 원래 해설을 할 때 경기 외적인 얘기보다 경기 자체에 집중하는 편이라서 돌아보면 좀 민망하다. 네가 워낙 아스널 전문가니까, '1타 해설위원이라는 사람이 아스널 1도 모르네'라고 생각했을까 봐. 그때는 네가 아스널 팬인 건커녕 축구를 좋아하는지조차 몰랐으니까.

종윤_ 전혀. 오히려 '잘하는 해설위원이랑 하면 좋구나, 흥이 나는구나' 그 생각을 했지.

주헌_ 사실 내가 원래 초보 캐스터들을 잘 도와주긴 해. 특히나 그때 네가 초보라면서, 잘 부탁드린다는 말까지 했던 것 같아. 그러니 더 도와주고 싶었지. 정적이 흐르면 캐스터들은 실수하게 될 수 있으니까 어떻게든 내가 말을 만들어내려고 하고. 이런 내 마음을 네가 아마 깊게 느끼지 않았을까, 겸손하게 생각해본다.

종윤_ 휴. 그 중계 이후에 세리에 A도 하고, 몇 번의 중계를 더 했어. 형이 하나도 기억을 못 하는 게 놀랍지만.

주헌_ 그러니까. 지금도 미스터리야, 너랑 중계를 했으면 너를 기억 못 할 리가 없는데.

그렇게 스포티비에서 동료로 얼굴을 마주했던 2년 동안, 우리는 딱 3번의 술자리를 함께했다. 첫 번째 술자리는 내 기억 속에만 있다. 신입 캐스터들과 해설위원의 회식이었던 그 자리에서 나는, 입사 초반 잔뜩 긴장한 데다 업무 스트레스로 위경련에 시달리던 탓에 술을 한 방울도 입에 대지 않았다. '꿔다 놓은 보릿자루' 같았을 그 신입을 메인 해설위원이 기억할 리가 없다.

주헌_ 그런데 내가 기억 안 나는 이유는, 아마 내가 그날 늦게 왔을 거야.

종윤_ 아니야. 처음부터 같이 있었어.

주헌_ 그런가 보다, 그럼. 나는 내 기억보다 네 기억을 더 신뢰하기 때문에.

종윤_ 형이 늦게 왔다는 그 회식은 두 번째 술자리야. 그때 형 생일이기도 했잖아.

주헌_ 아아~ 맞다, 그때 내가 딴 데서 술 먹고 있다가 옮겨가느라 늦었어.

종윤_ 형, 그런데 내가 그날 케이크 사 갔던 건 기억나?

주헌_ 네가 사 왔어?

종윤_ 이거 봐, 내가 사 갔어. 왜 그랬냐면, 아무리 회식을 겸한 생일파티라지만 그 누구도 케이크 하나 준비하지 않은 거야. 우리 회사 해설위원 생일이라는데 회사 직원으로서 촛불 하나 안 불어주는 모양새가 얼마나 민망해. 그래서 내가 케이크를 사 갔지.

주헌_ 그랬구나. 계속 말하지만 난 네 기억을 믿어.

종윤_ 케이크를 사 가서도 생색내는 건 되게 우습다고 생각해서 아무렇지 않게 줬어. 형이 촛불을 불었고 그때 사진도 찍었는데. 내가 회사 다녔을 때 찍은 몇 안 되는 사진이어서 지금도 기억나. 형이 케이크 들고 있고, 내가 앞에 있고.

주헌_ 주인공은 기억도 안 나는 생일 회식.

1년쯤 지나고, 세 번째 술자리에서 우리는 다시 만났다. 그때는 나도 형도, 각자의 이유로 스포티비를 나가려고 마음먹었던 때였다. 그래서였나, 서로 얘기가 유난히 잘 통했던 게. 그전까지 몇 차례 중계를 같이했음에도 잘 몰랐던 나라는 존재를, 형은 그제야 인지했던 것 같다. 그제야 형의 입에서 내 이야기를 들을 수 있었다.

주헌_ 그때 내가 비로소 너를 알아보기 시작했지. 2014년 가을쯤 됐던 것 같은데. 춥고 덥고 그런 느낌이 아니었어. 내가 계속 기억 안 난다, 안 난다 하는데 그날은 날씨까지 기억해.

종윤_ 맞아. 새벽 경기 끝나고 아침에, 각자 다른 중계 하고 우연히 만났지.

주헌_ 그런 일이 거의 없었는데, 10명 남짓 되는 중계진이 다 비슷한 시간대에 경기가 끝난 거야. 간단히 해장국만 먹으려다가 이렇게 사람이 많이 모였으니까, 아쉬우니까.

종윤_ 야~, 소주 한잔하자, 이렇게 된 거였지.

주헌_ 그래서 아침 7시부터 소주를 마시기 시작했잖아. 그런데 그때 네가 내 앞에 앉았어. 술을 곧잘 마시더라고. 너도 술 먹을 때 벌컥벌컥 마시잖아. 소주 한 잔도 쪼옥 먹는 게 아니고 탁! 한 번에 털어 넣는 스타일.

종윤_ 그리고 그동안은 내가 많이 먹지도 않았으니까, 형도 그날은 의아했겠다.

주헌_ 응, 의외였어. 되게 조용한 친구인 줄 알았거든. 나가려는 마음도 먹고 있었겠다, 그래서였는지 전과는 다르더라고. 너 원래 기분 좋고, 좀 잘 보이고 싶으면 리액션 엄청 잘해주잖아. 그날도 내가 무슨 말만 하면 나를 보면서 빵빵 터지는 거야, 가식이었는지는 모르겠지만. 난 또 그런 거 좋아하니까 기분이 되게 좋았어. 솔직히 나한테 어필하려고 그랬지?

종윤_ 에이, 그런 건 전혀.

주헌_ 어필했지, 솔직히. 자리도 슬쩍 내 옆으로 오고 그러더구만.

종윤_ 그 자리에선 진짜 아니었고, 오히려 있었다면 그 전이었겠지. 나갈 건데 잘 보일 이유가 뭐 있어.

주헌_ 그나저나 우리가 무슨 얘기 했더라?

종윤_ 완전 신변잡기였어. 한 가지 확실한 건 그 회사에서 했던 회식 중 가장 재밌는 자리였다는 거. 한 사람당 소주 두 병 이상씩 마시고 나서 택시 타고 기분 좋게 헤어졌으니까.

주헌_ 맞아. 나도 그때 생각하면 느낌 되게 좋아, 날씨도 적당했고.

종윤_ 그냥 딱 중계할 때 입은 재킷 입고.

주헌_ 햇살 쫙 받으면서 나가는 정도의 온도였어.

지금 생각해보면 서로의 존재를 각인시켰던 역사적인 날이었지만, 그 이후에도 우리는 서로 연락하고 지내는 사이는 아니었다. 우리 둘의 공통점은 특별한 일이 없으면 서로 먼저 찾지 않는다는 것이었다. 개인적인 연락은 전무했고, 우리는 얼마 지나지 않아 차례로 회사를 떠났다. 머릿속에 서로의 존재는 잊혔다.

〈이스타TV〉, 〈히든풋볼〉 그리고 랩추종윤.

이 멀고도 험난했던 축구 크리에이터의 운명을 그럼 어떻게 함께 하게 됐느냐면 말이다.

Contents ▶▶

Chapter 1

한다면 하는
인생

30년 된 오래되고 작은 아파트 신혼집에서,
가장 작은 방 하나를 부스로 단장했다.
책상을 놓고 컴퓨터를 설치하고 방송에 필요한
최소한의 장비를 놓았다.
들어가고 나갈 땐 게걸음을 해야 할 만큼 좁았지만,
그래도 행복했다. 이제야 내 방송국을 가진
정식 BJ가 된 것 같았다.
이 '한 칸짜리 방송국'에서 정말 뭔가 이뤄내야지,
각오를 굳게 다졌다.

L e e
A n d
P a r k

축구를
좋아하지만,

나는 축구를 잘했다. 아니, 잘하는 줄 알았다.

내가 축구를 그만둔 이유는 한 가지, 사실 난 축구를 못했다.

군인이셨던 아버지를 따라 초등학교 6년 동안 5곳의 학교에 다녔
다. 먹고사는 데 큰 어려움은 없었고, 서울에 사시는 이모들 덕에 소위
'미제' 아이템들도 쉽게 접할 수 있었다. 전방에 있는 시골 학교에 온
태가 다른 전학생에게 친구들의 텃세는 어쩌면 당연한 일이었지만,
뛰어난 적응력 덕에 옮겨 다닌 학교마다 반장을 도맡아 했고 공부도
곧잘 해 전 과목 '올백'도 받곤 했다.

사실 그건 내 실력보단 어머니의 높은 교육열 덕분이었다. 80년대
에 연천 깊은 시골 동네에서 미술학원, 피아노학원에 글짓기 과외까
지. 포경수술을 한 다음 날에도 아직 다 낫지도 않은 채 주산학원에 보
내졌으니 어느 정도였을지 짐작이 가리라.

초등학교 5학년 무렵부터 학원에 가는 것보다 밖에서 친구들과 축구를 하는 게 훨씬 좋았다. 친구들 사이에서 특출난 골잡이였던 나는 축구 선수가 되고 싶었다. 방법은 하나, 축구부가 있는 학교에 들어가야 했지만, 아버지의 발령을 따라다녀야 하는 집안 사정상 쉽지 않았다. 기회는 중학교 2학년이 되어서야 찾아왔다.

내가 중학교에 들어간 뒤 우리 가족은 아버지를 따라 부산행 짐을 꾸렸다. 사춘기가 찾아왔던 그때, 말투부터 다른 낯선 동네에서 적응하는 건 쉽지 않았고, 설상가상으로 짝꿍이 됐던 친구에게 이유 모를 괴롭힘까지 당했다.

힘들었던 나를 지탱해준 건 축구뿐이었다. 학교가 끝나면 텅 빈 운동장은 내 독차지였다. 스탠드에 가방을 세워놓고 혼자 공 차는 연습을 하며 보내는 시간이 하루의 낙이었다.

여느 때처럼 운동장에서 공을 차던 날이었다. 담임선생님이 창문에서 나를 불렀다. 무슨 일인지 싶어 후다닥 뛰어 올라간 나에게 생각지도 못한 질문이 돌아왔다.

"너, 축구가 그렇게 좋니? 축구 선수 하고 싶어?"

"네! 저 축구 선수 되고 싶어요."

짧고 간결했던 이 대화 후, 내 인생에 드디어 축구공이 굴러들어왔다. 집으로 가보니 어머니가 담임선생님과 통화를 하고 계셨다.

"어머니, 주헌이 축구 시켜야 됩니다."

매일 같이 공을 차던 나를 선생님은 가만히 지켜보셨던 모양이다. 축구를 가르쳐볼 생각은 없었던 어머니에게 선생님의 한마디는 아주 강력했다. 그 길로 사하중학교 축구부에 테스트를 받으러 갔고, 결과는 성공적이었다. 드디어, 내 축구 인생이 시작됐다. 밥 먹고 잠자는 시간 빼고는 축구만 했다. 그리고 일주일 만에 깨달았다. 나는 더 이상 축구 잘하는 학생이 아니라는 걸. 축구부에 있는 친구들은 모두 나만큼 운동신경이 있었고, 나처럼 축구로 한가락 하는 친구들이었다. 뒤늦게 축구를 시작한 내가 친구들을 따라가기란 쉽지 않았다. 그저 열심히 뛰는 것만이 내가 할 수 있는 최선이었다. 2년 후, 동아고등학교에 진학했다. 여전히 뛰어난 선수는 아니었지만, 한 가지 다행이었던 건 감독님과 축구 스타일이 맞았다는 점이다. 많이 뛰고 몸을 아끼지 않는 나를 감독님은 좋아해 주셨다.

그런데 내가 3학년 진학을 앞둔 겨울, 고교 아이스하키부에서 대대적인 입시 비리가 발생한다. 체육계 전체에 파동을 일으킨 이 사건은 나에게도 적잖은 영향을 미쳤다. 전국 대부분의 고교 운동부 감독이 조사 대상이 되면서 우리 감독님도 정직 처리가 됐다. 감독 자리는 코치님이 대신 맡게 됐는데, 코치님은 감독님과는 달랐다. 아기자기한 기술 축구를 추구했던 코치님은 거친 축구를 하는 나를 눈여겨보지 않았다.

매년 봄이면 전국에서 가장 큰 대회인 KBS 춘계대회가 열린다. 많은 스카우터가 찾아오는 이 대회는 고3 학생들에겐 대학 진학이 결정되는 기회이기도 하다. 우리 어머니도 기대를 가득 안고 부산에서 날아오셨다. 하지만, 코치님 밑에서 나는 베스트 멤버가 아니었다. 첫 번째 경기에서, 나는 잔디 한 번 밟지 못한 채 우리 팀이 탈락하는 모습을 바라만 봐야 했다. 코치님이 원망스러웠다. 전 감독님이었다면 나를 뛰게 해줬을지도 모르는데. 기대가 크셨을 어머니 생각도 많이 났다. 먼저 부산으로 내려가신 어머니께 전화를 걸어 엉엉 울었다. 미안하다고, 아무래도 내 실력이 부족한 것 같다고. 수화기를 붙잡은 채 어머니도 나도 한참을 울었다.

어머니는 몇 달 뒤, 특단의 조치를 취하셨다. 축구의 나라 브라질로 축구 유학을 준비하신 것이다. 너무 뜬금없는 일이었다. 브라질 리그에 '진출'하는 것도 아니고 이제 와서 축구를 배우러 가라니. 하지만 어차피 미래는 불투명했고, 브라질 축구를 언제 또 경험해볼 텐가. 그렇게 유학길에 올랐다.

내가 들어간 클럽은 축구 잘 가르치기로 유명했던 과라니였다. 나와 같이 뛰었던 선수 중 유명한 선수도 있다. 일단 맨시티 출신으로 우리에게 친숙한 브라질 前 국가대표 엘라노와 K리그 팬들에겐 낯익은 이름, 에두도 있었다. 특히 나와 동갑이었던 에두는 많은 힘이 돼줬다. 외국인이라는 이유로 텃세를 부리는 친구들과 내가 부딪칠 때면, 에두는 내 편을 들어주었다. 내가 다니던 교회와 에두의 집이 있었던 상파울루까지, 클럽에서 3시간이 걸리는 거리를 함께하던 '버스 메이트'이기도 했다. 오클리 선글라스를 자랑하던 19살의 에두는 10년 뒤 K리그 최고 골잡이가 됐다. 수원 월드컵 경기장에서의 감격적인 재회는 아직도 생생하다.

브라질에 있으면서 브라질 대학 진학도 알아봤지만 쉽지 않았다. 결국 고등학교 졸업식 직전이었던 2월, 병무청에서 귀국 통지를 받고 한국으로 돌아왔다. 친구들은 모두 대학이 결정된 상태였지만, 나는 아무것도 정해진 게 없었다. 막막했던 나에게 지인이 코레일 축구단이라는 실업팀을 소개해주었다.

나는 연습생 신분으로 입단해 선배들을 도우며 막내 생활을 시작했다. 한국철도는 그 당시 엄청나게 잘나가는 팀이었기에 연습생을 뛰게 해줄 만한 경기는 없었다. 단 한 번의 공식경기에도 나가지 못한 채, 발가락 대신 손가락에 물집을 달고 사는 '아이스박스 운반형 풀백'으로 지냈다. 그리고 나는 카레 전문 요리사이기도 했다. 숙소 근처에는 커다란 카레 공장이 있었다. 카레 향 머금은 바람이 불어온 어느 날, 막내인 나에게 카레를 만들어보라는 특명이 떨어졌다. 요리 경력 전무했던 나는 설명서에 100% 의존해 카레를 만들어냈는데, 의외로 호평 일색이었더랬다. 덕분에 카레 향이 바람을 타고 숙소로 불어오는 날이면 어김없이 '이주헌표 카레'가 밥상에 올랐다. 지금도 가장 자신 있는 요리가 뭐냐고 묻는다면, 일말의 고민 없이 카레다.

그런 나에게도 잊지 못할 경기가 하나 있다. 한 대학팀과의 연습경기에 간만의 출전 기회를 얻은 날이었다. 그날따라 이리 뛰고 저리 뛰며 스스로도 만족스러울 만큼 정말 잘했다. 형들은 물론 버스 기사님까지도 나를 칭찬해주셨다. 처음으로 칭찬을 들었던 그날 밤, 나는 생각에 잠겼다. 오늘 내가 잘한 건 상대가 내 또래 선수들이어서 아닐까. 그럼 나도 대학팀에서 뛰면 좀 더 성장할 수 있지 않을까.

이 팀에서 공식 경기에 나갈 수 있을 거란 희망은 더 이상 없었다. 나는 대학에 가고 싶었다.

그 후로 대학팀과 연습경기가 잡힐 때마다 계속해서 나를 어필했다. 그중 한 지방대에서 적극적으로 요청이 왔고, 내일 당장 면접을 보러 오라는 답을 받아냈다! 부푼 마음으로 집에 달려가 아버지께 말씀드렸더니, 그 늦은 밤 직접 표를 끊어주셨다. 서둘러 짐을 싸던 그때 어머니가 집에 돌아오셨다. 신이 나서 얘기하는 나와는 달리 어머니는 표정이 좋지 않았다. 급기야 그런 지방대를 왜 보내려고 하냐며 아버지와 다투기 시작하셨다. 팀에 계속 있다 보면 경험도 쌓고 잘 될 수 있을 거라고 어머니는 나와 아버지를 만류하셨다. 기약 없는 기다림에 지친 나를, 선수로서 뛰고 싶은 내 마음을 몰라주는 어머니가 야속했다. 결국 어머니를 이길 수 없었고, 모든 건 물거품이 됐다.

그로부터 한 달 동안 깊은 좌절감에 빠져있던 나는 무작정 집을 나갔다. 축구에 대한 미련 같은 건 더 이상 남아있지 않았다. 순수하게 축구를 좋아했던 12살 소년의 감정, 그때의 희열을 느껴보지 못한 지 오래였다. 짧았던 내 축구 인생은 새드 엔딩으로 막을 내렸다.

주식회사 랩추종윤 ↦ 이주헌

나 이제
뭐 하고 살지?

축구가 끝나버린 21살, 가출을 시도하기 전 인터넷에서 급하게 신용카드를 신청했다. 지금이야 발급 조건이 까다롭지만, 2000년대 초반만 해도 성인이라면 클릭 한 번에 신용카드를 쉽게 손에 넣을 수 있었다.

분리수거장을 뒤져 가장 길고 커다란 냉장고 박스를 찾아내, 방에 있는 물건을 모조리 집어넣었다. 늦은 밤 무거운 박스를 낑낑대며 끌고 나와 지하철에 올랐다. 무작정 서울을 횡단해 외대 앞 20만 원짜리 고시원 한 칸을 신용카드로 시원하게 긁고, 포켓볼 전용 당구장에서 생애 첫 아르바이트를 시작했다.

축구에 대한 생각은 완전히 잊고 살던 시간이었다. 축구와 전혀 관계없는 사람들과 포켓볼 치고 술 먹는 게 즐거웠다. 이 기간 동안 포켓볼 실력도 쑥쑥 늘어 동호회에서 상위 클래스에 랭크되기도 했다.

6개월쯤 지나니 집에서 비로소 나를 찾았다. 아버지에게 전화가 왔다.

"이제 그만 집에 들어와라."

가고 싶지 않았다. 부모님에 대한 원망이 아직 컸다. 싫다고 하자, 대학에 보내줄 테니 집으로 오라고 말씀하셨다. 축구를 그만둔 지 반 년. 이제 와서 무슨 수로 대학에 간단 말인가. 아버지는 공부를 해서 대학에 가라고 하셨다. 공부를 손에서 놓은 지는 벌써 10년이었다. 어쩌면 축구로 대학 가는 게 더 쉬운 일이었다. 하지만, 지금껏 나에게 이래라저래라하신 적 없었던 아버지의 말씀을 더는 거역할 수가 없었다. 못이기는 척 집으로 들어갔다.

아버지는 곧장 단과학원에 등록해주셨다. 수능이 얼마 남지 않은 늦여름이었다. '이주헌, 3개월 만에 공부로 대학가기', 그야말로 말도 안 되는 프로젝트가 시작됐다.

한 달쯤 열심히 다녔나. 프로젝트는 예상대로 실패의 그림자가 짙게 드리웠다. 아니, 이게 성공하리란 건 애초에 욕심이었다. 뒤늦은 공부는 쉽지 않고 점점 '수능 포기자'가 된 나는 학원보다 피시방에서 보내는 시간이 더 많아졌다.

수능 날 아침에도 피시방으로 향했다. 동생도 이날 같이 수능을 쳤는데, 공부를 곧잘 했던 동생의 패턴에 맞추다 보니 너무 일찍 시험장에 도착하고 말았다. 일찍부터 할 게 없었기 때문에 시험장 옆에 있는 피시방을 선택할 수밖에 없었다. 아직도 기억이 난다. 그날의 엄청난 장기전이….

치열했던 게임 끝에 내가 이겼고, 상대는 한 판 더 하자고 제안했다 (아직 채팅에 한글화가 안 되어 있었기에 영어로 대화를 해야 했다). 나는 학원에서 3개월 동안 배운 영어를 총동원해 한 자 한 자 적어 내려갔다.

- I go su-neung
- Really???
- Really!!
- … Fighting!

시험장에 들어섰지만, 수능 준비는 거의 0에 수렴했다. 몇 교시에 무슨 과목을 보는지조차 모른 채 도전한 수능의 결과는 불 보듯 뻔했다. 도저히 대학교에 갈 수 있는 점수가 아니었다. 어떡하나, 재수를 해야 하나 하던 차에, 인천전문대 '산업체 유형'이라는 입학 전형을 발견했다. 직장에 다니다 대학에 입학하는 사람들을 위한 전형이었다. 한국철도 시절의 경력이 이렇게 빛을 발할 줄이야! 수능 점수가 거의 반영이 안 되는 데다, 지원자도 미달이었다. 입시학원 한 달, 수능 당일 아침까지도 피시방에서 게임을 즐긴 내가 인천전문대 사회체육학과 00학번 입학생이 됐다.

대학 생활은 기대 이상이었다. 입학하자마자 OT를 가는 것도, 친구들과 놀고 술 마시는 것도, 심지어 수업을 듣는 것도 재미있었던 나는 첫 학기부터 4점대 학점을 받았다. 방학이 되면 아르바이트를 하고,

번 돈으로 놀러 가고, 개강하면 다시 재미있는 학교생활을 하고. 생각 없이 즐겁기만 했던 2년이 눈 깜짝할 새 지나고, 입영통지서가 날아왔다. 진로를 정하지 않은 아들이 걱정스러웠던 어머니는 또 한 가지 제안을 하셨다, 부사관으로 입대해 '말뚝 박는' 게 어떻겠냐고. 특별한 계획은 없지만 걱정도 없었다. 아이들에게 축구 가르치는 아르바이트가 꽤 적성에 맞았던 나는, 나중에도 이 일을 하면서 살 수 있을 것 같았다. 아버지가 고생하시는 걸 직접 보고 자란 터라 직업군인은 하고 싶지 않았고, 더구나 어머니가 하라고 하는 일이면 반사적으로 반감이 들었다.

군대도 다녀온 사람이 잘 아는 법, 예비역 선배들에게 술자리에서 고민을 털어놓았다. 어머니가 자꾸 부사관에 지원하라고 하신다고. 선배들의 반응은 예상 밖이었다. IMF 외환 위기가 얼마 지나지 않았던 때라, 요즘 같은 시대에 직업군인이 얼마나 좋냐는 거다. 선배들의 말을 들으니 문득 궁금해졌다. 피시방으로 자리를 옮겨 포털사이트에 '하사' 두 글자를 검색해봤다. 그러다 이끌리듯 육군 부사관학교 홈페이지에 들어갔고, '헌병 지원 마감 2주 전'이라는 팝업창에 시선이 멈췄다. 본능적으로 긴박함을 느끼고는 원서를 작성하기 시작했다. 정신을 차림과 동시에 제출 버튼 클릭. 그렇게 술김에 헌병에 지원해버린 것이다.

2주 후, 놀랍게도 서류전형을 통과했다!

이제 신체검사, 체력검사, 지능검사, 면접까지 이어지는 2박 3일에 걸친 긴 과정을 통과해야 비로소 헌병으로 입대할 수 있었다. 마지막

코스인 면접에서 충동 지원을 들키지 않는 게 관건이었다.

"왜 군인이 되려고 하나?"

"군인인 아버지의 영향을 받아 군인이라는 직업에 막연한 동경이 있었습니다. 아직도 아버지는 군복을 입은 모습이 가장 멋지십니다."

어릴 때부터 말하는 것을 좋아했던 나는 근엄한 면접관들 앞에서 막힘없었다. 면접관들도 누군가의 아버지일 터, 감성을 건드린 면접은 제대로 먹혀들어 갔다.

봉준호 감독의 〈기생충〉에 '절대 실패하지 않는 계획은 무계획'이라는 대사가 나온다. 당시 내 삶의 신조가 딱 이 말과 같았다. 축구를 그만둔 후부터 철저히 '무계획'으로 살았던 나였다. 역시나 무계획으로 지원했던 헌병에서 20:1의 경쟁률을 뚫고 당당히 합격, 내 인생에 '직업군인'이라는 멀고도 구체적인 계획이 생겼다.

그해 5월, 육군 부사관으로 입대했다. 생각보다 군대는 내 체질이었고, 짜인 대로 사는 하루하루는 만족스러웠다. 평생을 군인으로 살아야 한다는 막연함보단 공무원으로서 안정적인 미래가 먼저 그려졌다. 장기 복무에 대한 결심이 차츰 서기 시작하던 시절, 고비가 찾아왔다.

자대에 간 이후 얼마 지나지 않아 새로운 대장이 부임했는데, 엄청 깐깐하고 괴팍하기로 소문난 사람이었다. 일개 간부인 나와는 마주칠 일 없을 거라 생각했지만, 나 같은 초급 간부들이 가장 만만한 타깃이었다. 말도 안 되는 질문을 일삼으며 괴롭히는 건 다반사였고, 시간을 막론하고 순찰을 시키기도 했다. 기분이 언짢을 때면 부대 분위기는 살얼음판을 걷는 듯했다. 어느 날은 술에 취한 채 내게 '불만 있으면 아버지 데려와 보라'는 말까지 했다.

하루가 멀다 하고 부당한 일을 당하기 일쑤였지만, 간부 중 그 누구도 헌병대장에게 이렇다 할 한마디 하지 않는 것이 더 견디기 힘들었다. 늘 고생한다며, 참으라는 말뿐인 사람들에게 실망이 쌓여갔다. 그때부터 결심했던 것 같다. 장기 복무 안 해야겠다고. 여기서 나가야겠다고.

이후 그 헌병대장은 꼬박 2년을 채우고 우리 부대를 떠났고, 새로 온 헌병대장은 180도 다른 분이셨다. 합리적이었고, 부대 분위기는 훨씬 좋아졌다. 이분은 승승장구해 지금도 성공적으로 군 생활을 하고 계신다. 아마 이분과 먼저 2년을 보냈더라면 장기 복무를 했을지도 모른다. 그럼 해설자의 꿈도 가지지 못했을 텐데, 진짜 인생은 알 수 없다.

이전에 있었던 대장은 진급이 안 돼서 전역했다. 지금으로부터 10년 전쯤 전화가 와 보험 좀 들어달라고 했다. 씁쓸한 사람으로 남아 있다.

컴맹 해설 초보,
인터넷 중계를 시작하다

챗바퀴 같던 군 생활이 계속되던 중, 나는 인생에 전환점을 맞이한다.

2006년부터 나는 검문소에 파견을 나가기 시작했다. 한 번 파견을 나가면 3개월을 있어야 하는 검문소 생활은 심심하고 따분하다. 다행히도 초소장이었던 나는 비교적 자유롭게 컴퓨터를 사용할 수 있었기에, 휴식 시간마다 하던 웹 서핑이 오아시스와도 같았다. 인터넷 바다를 헤매던 어느 날, 광고 한 줄이 번쩍하고 내 눈에 띄었다.

네티즌이 만들어가는 2006 독일 월드컵!

4년 전 온 나라를 물들였던 붉은 함성이 다시 피어나고 있었다. 각 방송사와 포털 사이트들은 이에 발맞춰 각양각색의 월드컵 특집을 준비했는데, 네이버에서 누구나 경기를 중계할 수 있는 파격적인 이벤트를 내놓은 것이다. 미디어 플레이어를 설치하고 원하는 경기를 선택해 '직접 중계하기' 버튼을 누르면 나만의 음성 방송국이 만들어졌다. 내 중계를 듣는 청취자들과 채팅으로 소통할 수도 있었다. 전문가들의 전유물인 줄 알았던 축구 중계를 나도 할 수 있다니.

더구나 나는 개인 방송의 경험도 있었다. 가출했다 돌아와 수능을 준비하던 그때, 당시 유행하던 스카이 러브라는 채팅 사이트에서 음악 방송을 진행했었다. 밤 11시부터 새벽 1시까지, 하루 사이에 찾아온다는 의미에서 제목은 '사이방송'. 그래봬도 꽤 진지했다. 사연과 노래가 잔잔하게 깔리는 심야 라디오 방송을 표방하며 채팅을 읽어주고, 노래 선곡에도 심혈을 기울였다.

기억을 되살리며 설레는 마음으로 내 방송국을 만들었다. 중계의 '중'자도 몰랐던 내가 전문 해설위원을 어설프게 흉내 냈다간 우스워지기 십상이었다. 나는 자취방에서 친구들과 함께 축구를 보던 기억을 떠올리며 편하게 축구 이야기를 나누고 싶었다. 거기에, 짧았던 선수 시절의 내 경험을 녹여 전문성을 더했다.

전략이 먹혀들었는지 내 방송에 접속한 사람들이 하나둘 늘어나기 시작했다. 그리고 기대 이상으로 반응은 뜨거웠다. 전체 중계방송 중 접속자 수 2등까지 올랐다. 한 번도 해본 적 없는 내 축구 중계에 많은 사람이 힘을 실어줬다.

'너무 재밌어요'

'계속 중계해주세요'

'말씀 너무 잘하시는데, 아프리카 한번 해보는 거 어때요?'

아프리카? 그게 뭐지? 나뿐 아니라 그땐 아프리카TV의 존재를 아는 사람이 많지 않았다(그랬을 것이다). '아프리카'라는 단어는 금세 잊혔고, 나는 월드컵이 끝난 후 본부로 복귀했다.

독일 월드컵 중계 이벤트를 한 후 내 안에는 '꿈'이라는, 그 몽글몽글한 단어가 생겨났다. 21살 축구를 그만둔 그때부터 특별히 잘하는 것도, 하고 싶은 것도 없었던 나였다. 하루가 멀다 하고 축구를 하고 경기를 보면서도, 내가 중계를 한다는 건 생각조차 해본 적이 없었다. '하늘을 나는 것'처럼, 그야말로 말도 안 되는 상상이었다. 하지만 그 말도 안 되는 일이 일어났고, 기대 이상의 응원도 등에 업었다.

그래, 발로 하는 축구는 실패했으니 이제부턴 말로 하는 축구를 해보자. 열심히 노력하고 착실히 준비한다면 언젠가 TV에 나오는 진짜 축구 해설자가 될 수 있을 것도 같았다. 몇 달 뒤, 다시 검문소로 파견을 나갔다. 해설자가 되려면 어떻게 해야 하지, 검색창을 뒤적이다 문득! 지난번 그 댓글이 생각났다. '아프리카 한번 해보세요'. 검색창에 '아프리카'를 쳐봤다. 우와, 여기선 영상을 보여주면서 얘기를 할 수가 있었다. 필요한 건 컴퓨터와 헤드셋뿐. 축구 중계를 하기엔 여기가 딱이었다.

사이방송도, 독일 월드컵 중계도 그랬듯 아프리카TV에도 일단 뛰어들었다. 덜컥 내 이름으로 된 방송국이 만들어졌다.

그때부터 아프리카TV를 통해 진지한 마음으로 축구 중계를 연습했다. 늦은 밤마다 지구 반대편에서 펼쳐지는 잉글리시 프리미어리그 경기가 내 학습 자료였다. 사람들이 많이 보는지 아닌지는 중요하지 않았다.

경기가 없는 시간에는 늘 밤에 있을 축구 중계를 준비했다. 지나간 경기들도 찾아보고, 관련 자료도 찾고, 목을 가다듬으며 발음과 멘트도 연습했다. 또 축구를 보는 시야를 넓히기 위해 축구 잡지도 정기 구독했다. 다 읽은 후에는 그 안에 실린 칼럼들을 모조리 필사했다. 정제되지 않은 내 축구 지식을 일목요연하게 정리하는 데에 큰 도움이 됐다. 조금 지나자 내가 직접 축구 칼럼도 쓸 수 있게 됐다. 꿈을 향한 순수한 열정이 가득 담긴 칼럼이었다. 다행히도(?) 지금은 남아있지 않다.

쉬지 않았던 칼럼 연습이 빛을 본 순간도 있었다. 스포츠 토토에서 진행하는 경기 분석 글 작성 이벤트에 참가하게 된 것이다. 수십 편의 축구 칼럼을 읽고 쓰던 습관 덕분에 분석 글을 술술 적어낼 수 있었다. 결과는 3등! 손에 쥐 나도록 필사하던 시간들이 헛되지 않았구나, 내가 맞는 길로 가고 있구나 느꼈다.

마음가짐도 바꿔 먹었다. 선수나 강사로서가 아닌, 해설자로서 축구를 바라보려고 노력했다. 아프리카TV에서 중계할 땐 전문가스러운 말투와 전문적인 단어 선택에 공을 들였고, 당연히 지금의 내 방송과는 달리 욕이나 비속어도 일절 섞지 않았다. A4용지만 한 네모난 화면, 적어도 그 안에서만큼은 진짜 '해설자 이주헌'이었다.

언급했듯이, 관심 있는 사람이 아니고서는 아프리카TV를 모르는 사람이 더 많았다. 그래서인지 같이 지내던 병사들도 내가 밤마다 축구 중계를 하는 것에 깊게 관심을 갖지 않았다. 덕분에 나도 큰 방해 없이 연습에 매진할 수 있었다.

중계를 하느라 밤을 새우는 날이 계속됐다. 아침에 졸린 눈을 비비며 밥을 먹으러 내려갔다가 친하게 지내던 경찰 간부를 만났다. 나보다 연배가 열댓은 위인 분이셨다. 나를 보자마자, 새벽에 잠깐 갔었는데 엄청 시끄럽더라며 무슨 일이라도 있었는지 물으셨다.

"제가 중계 연습을 하느라고요. 새벽에 축구 경기 보면서 중계하고 있었습니다."

"아 그래요? 근데 그 연습은 왜 하는 건데요?"

"저, 앞으로 꿈이 해설자입니다. 전역하고 10년 안에 해설자가 되는 게 제 꿈입니다."

"어우, 10년 목표면 되겠네~."

이제 막 씨앗을 틔운 내 꿈에, 앞으로 10년을 보고 걸음마를 뗀 나에게, 이 말은 용기를 심어주었다. 해설자가 빨리 되어야지, 전역하고 1, 2년 안에 무조건 되어야 해, 하며 조급해하지 않았다. 이제라도 꿈이 생겼으니 부지런히 연습하고 차근차근 작은 기회라도 잡아가다 보면 언젠가 될 수 있을 거라고 긍정적으로 생각했다. 대신 '10년 목표면 될 것'이라는 확신은 늘 마음에 품고 있었다.

MBC에 돈가스 배달 다니던
아르바이트생

전역이 1년쯤 남은 시점이었다. 날벼락 같은 일이 찾아왔다.

여느 날처럼, 병사들과 축구를 하고 있었다. 공을 쫓아 방향을 튼 순간, 무릎에서 뚝 하는 소리가 났다. 십자인대 파열이었다. 선수 시절에도 단 한 번의 부상도 없던 나였다. 곧장 국군병원으로 향했고, 당장 수술이 불가피하다는 통보를 받았다.

모든 일상이 멈춘 채 4달 동안 병원 신세를 졌다. 늘 하던 축구도, 그리고 해설자의 꿈을 향한 준비도 더 이상 할 수 없었다. 운동을 하지 못하니 허벅지도 눈에 띄게 얇아졌고, 발도 끝까지 펴지지 않았다. 몸도 마음도 우울한 날들이었다. 병원에 있던 중 전역 심사를 받고, 2008년 2월 의병 전역을 명받았다.

사회에 나왔지만, 여전히 성치 않은 몸 때문에 할 수 있는 일이 없었다. 돈도 없었다. 그렇다고 집으로 돌아가기는 싫었다. 머물 곳을 찾아 헤매다 합정에 있던 친구네 옥탑방에 얹혀살기 시작했다. 내 인생의 가장 어두웠던 시기였다. 아침엔 전단을 돌리고, 오후엔 여의도에 있는 돈가스집에서 일했다. 몸에 기름 냄새 잔뜩 밴 채 오토바이에 돈가스를 가득 싣고 온 여의도를 누볐다. 일이 힘들진 않았다. 다만 정장을 멋지게 차려입은 또래 직장인들을 볼 때면 내 모습이 서러웠다. 꿈을 접어둔 채 스물여덟에 돈가스를 배달하고 있는 건 내가 원하던 모습이 아니었다.

돈가스 배달 기사 자격으로 MBC 엘리베이터를 탄 어느 날, 문이 열리고 아우라를 풍기며 한 사람이 들어왔다. 서현진 아나운서였다. 아나테이너라 불리며, 아나운서들이 온갖 방송을 섭렵하던 시절이었으니 넋을 놓고 바라볼 수밖에. 그때만 해도 내가 방송을 하러 다시 올 줄은 꿈에도 생각하지 못했다.

2014년 6월 24일 MBC방송국에서 SNS에 올렸던 글이다.

멕시코 대 크로아티아

라이브 녹화 대기중~^^

월드컵 기간 동안

브라질 시간과 한국 시간을

오가며 몇번을 졸음운전하고

방송 대기하며 몇번을 차에서 잤는지ㅜㅜ

일어나는 순간은 힘들지만

일하는 동안은 시간이 언제

이렇게 흘러갔는지 모를 정도로
보내고 있습니다.
좋아하는 일을 하고 있습니다.
5년 전에는 오토바이 타고
돈까스 배달하러 MBC에 왔지만
지금은 다른 모습으로
방송국을 드나들고 있습니다.
꿈을 현실로 만들었고
더 큰 꿈을 그리고 있습니다.
저는
좋아하는 일을 하고 있습니다.
그래서 지금 이 순간과 많은 분들에게
감사하며 하루하루를 보내고 있습니다.
벌써부터 4년 뒤에 저의 모습이
기대 됩니다.
남은기간 잘 부탁드립니다.
이 새벽 간만에 감성적이었네요ㅋㅋ

팍팍했던 주머니 사정이 조금씩 나아지고, 헬스장에서 재활을 하며 무릎도 점차 정상 궤도로 올라왔다. 언제까지 우울하게 살 수만은 없었다. 마음 한편에 있던 해설자의 꿈을 다시 꺼낼 즈음이었다.

"야, 이번에 K3리그가 생겼는데 대한축구협회에서 해설자를 뽑는 대. 너 한번 지원해볼래?"

내가 해설자를 하고 싶어 한다는 것을 아는 친구가 나에게 툭 던진 '고급 정보'였다. 시범 리그를 거쳐 공식 리그로 출범한 K3리그의 인터넷 생중계를 담당할 해설자 자리였다. 기간은 일주일 정도 남아있었고, 축구에 대한 애정만 있으면 됐다. 나는 해설자를 꿈꾸고 있고, 그 꿈을 위해 아프리카TV에서 중계를 했다는 사실을 주위에 숨기지 않았다. 왜 그런 말도 있지 않나, 꿈은 크게 가져라, 그리고 그 꿈을 이루기 위해서는 주변에 알려라. 하지만 우리는 대개 자신의 꿈을 이야기할 때 조심스러워하는 경향이 있다. 조금은 부끄러워하기도 한다. 만약 내가 꿈을 말하고 다니지 않았더라면 그 기회를 잡을 수 없었을지도 모른다. 그러니 이 책을 보고 있는 당신, 마음에 품고 있는 꿈이 있다면 지금이라도 주변에 알리길 바란다.

아프리카TV에서 해설을 했던 경험은 나의 무기였다. 그동안의 중계 영상들을 모아 CD를 구워 돈가스 가게에 가지고 갔다. 지원하기 전, 객관적인 평가가 필요했다. 얼마 듣지도 않고 사장님은 말했다.

"야, 꺼꺼꺼."

하루는 돈가스집 주방장 아저씨가 나에게 물었다. 앞으로 뭐 할 거냐고. 축구 해설자 될 거라고 말하면 주방장 아저씨는 양배추 썰던 칼을 툭 놓으며 코웃음을 쳤다.

"네가 월드컵 국가대표야? 아니면 학벌이 좋아? 축구 쪽에 백이라도 있어?"

성공하지 못한 선수 출신에, 지금은 별 볼 일 없는 아르바이트생. 어금니를 꽉 깨물었다. 내 꿈을 무시하는 사람들 앞에서도 주눅 들거나 포기하지 않았다.

사장님이 들어보지도 않았던 CD와 지원서는 무사히 서류 전형을 통과했고, 나는 면접 기회를 얻었다. 한 손에 대한축구협회 주소가 적힌 종이를 들고 면접장에 찾아갔다. 한데 모인 지원자들을 보는 순간, 떨어지겠구나 싶었다. 수많은 지원자 중, 후드 티에 청바지 차림은 나뿐이었던 것이다. 변명을 하자면, 복장 규정도 없었고 당장 나에겐 정장 한 벌도 없었다. 한숨을 푹푹 쉬다 면접이 시작됐다. 헌병 면접 때도 그랬듯이 실전에 강한 나는, 면접에만 들어가면 '내 시간'이라는 느낌이 든다. 질문은 룰과 용어 등 선수 시절 직접 체득한 내용들이었기에 술술 설명할 수 있었다.

후드 티의 지원자는 최종 합격 통보를 받았다! 나를 포함한, 전국에서 모인 10명의 합격자는 각자 한 달에 한 번 정도 K3리그를 중계하게 됐다. 고양시민축구단과 서울유나이티드의 경기가 내 첫 중계였다. TV 중계도, 많은 횟수도, 큰 보상도 아니었지만, 너무나도 소중한 시간이었다.

K3리그 중계와 돈가스 아르바이트를 병행하던 중, 동생이 창원에 취직을 하게 됐다. 여동생을 혼자 지방에 내려보내는 게 걱정되셨던

부모님은 내가 당분간 함께 지내주길 원하셨다. 아르바이트를 그만두고 동생을 따라 내려갔다.

K3리그 중계로 버는 돈은 용돈 정도의 수준이었으니, 창원에서 다른 일거리가 필요했다. 축구 강사 자리를 찾아보니, 창원에 스포츠클럽이 딱 한 군데 있었다. 곧장 전화를 걸고 이력서를 보내자 지금 일을 하고 있는 선생님이 3개월 후에 그만두니 후임으로 와줄 수 있냐고 했다. 그렇게 하기로 하고, 막노동을 하며 3개월을 기다렸다. 한 번도 해보지 않았던지라 처음엔 어색하고 무서웠다. 내 머리만 한 볼트와 너트가 하늘 위에서 떠다니고, 어마어마한 탱크가 사방에 깔려있고, 끝이 보이지 않는 컨테이너 안에서 각종 채소를 나르기도 했다.

힘든 시간이었지만, 동생 집에 컴퓨터를 들이고 다시 아프리카 중계를 할 수 있는 환경이 갖춰졌음에 행복했다. 그리고 마침 유로 2008이 시작됐다. 전 경기를 중계하며 매일 밤을 새워도 힘들지 않았다.

스포츠로 유명한 BJ가 아직 없던 때여서, 내 중계는 꽤 인기가 있었다. 유럽 시각에 맞춰 새벽에 하는 중계였음에도 한 방송 최대 인원인 200명이 거의 매번 꽉 들어찼으니까.

지금도 기억나는 유로 2008 최고의 빅매치는 죽음의 조였던 C조, 그중에서도 네덜란드와 이탈리아의 경기였다. 창과 방패의 소문난 대결에 많은 축구 팬이 잠을 이루지 못했다.

긴장감 속, 첫 골은 네덜란드의 판 니스텔로이의 발끝에서 나왔다. 하지만 상대 수비수의 위치가 논란이 됐다. 오프사이드로 보일 여지가 충분했지만, 심판은 끝까지 오프사이드 판정을 내리지 않았다. 내 방송의 채팅 창에선 오심이다, 아니다로 사람들이 논쟁을 벌였고, 나는 오심이라고 주장했다. 그 상황은 명백한 오프사이드였다.

오프사이드 논란은 다음 날까지 계속됐다. 혹시 내가 잘못 알고 있는 건가 싶어 전날 경기를 되돌려봤다. 그리고 오프사이드 규정에 대해 수많은 자료를 찾아보았다. 몇 시간에 걸친 공부 끝에, 내 생각이 틀렸고 심판의 판정이 옳았다는 것을 알게 됐다. 인터넷 중계를 시작하고 그런 경험은 처음이었기에, 그 일을 계기로 오프사이드 규정을 누구보다 확실하게 알게 된 계기가 됐다. 더불어, 해설자가 되려면 공부할 것들이 정말 많다는 것을 새삼 느꼈다.

내 눈을 사로잡은
신문 한 페이지

창원 스포츠클럽에서 일하던 때였다. 아침에 출근을 하면 늘 스포츠 신문이 배달되어 있었다. 그날도 여느 때처럼 신문을 먼저 펼쳐 들었다.

당신의 꿈을 이루십시오, 드림잡!

나는 신문 한 면을 꽉 채우고 있는 그 광고에서 눈을 뗄 수 없었다. MBC ESPN과 스포츠토토에서 공동 진행한 이 프로그램은 일반인을 대상으로 한 '해설자 서바이벌'로, 최종 우승을 하게 되면 MBC ESPN에서 1년 동안 객원 해설자로 활동하게 된다는 내용이었다.

'드디어 내 꿈을 이룰 기회가 찾아왔구나!'가 아니었다. '아, 짜증 난다'라는 말이 툭 튀어나왔다. 너무나 좋은 기회지만 내가 1등을 할

리 없을 테니까. 1등 하는 사람은 얼마나 좋을까, 나는 입상이라도 하면 다행이겠다. 어차피 떨어질 테지만 일단 지원이라도 해봐야겠지? 필요한 서류를 살펴보았다. 이력서와 1분짜리 소개 영상이 필요했다. 아무리 선수 출신에, 아마추어 해설을 하고 있다 해도 다들 나보다 화려한 경력이 많을 게 뻔했다. 그렇다면 독특한 소개 영상으로 승부를 봐야 했다. 한 스포츠 광고에서 본 영상이 파노라마처럼 스쳐 갔다. 그 광고를 패러디해 방 안에서 공을 차 집 앞 골목길에서 받고, 다시 공터에서 받으며 열심히 찍었다. 심혈을 기울인 엔딩은 슈팅 장면이었는데, 내 콘셉트는 골대 안이 아닌, 그 옆에 문이 열린 봉고차 안으로 골을 넣는 것이었다. 열 번의 NG 끝에, 간신히 성공.

우여곡절 끝에 만든 영상과 서류를 보냈고, 합격이었다. 500명이 넘는 지원자 중 50명 안에 든 것이다! 조금씩 들뜨기 시작했다. 때마침 창원에 오신 부모님께 신문을 보여드리며 말했다. 1차 합격해서 면접을 보러 가야 하는데 정장이 없다고.

네가 50명 안에 들었다고? 부모님은 놀라셨는지 재차 물으셨다. 변변찮은 직업 하나 없던 내가 합격했다는 말에, 어머니는 흥분을 감추지 못하시며 백화점에 날 데려가셨다. 가장 좋은 정장 한 벌과 새 옷 몇 벌, 그리고 굳이 바꾸지 않아도 되는 안경까지 최신 유행 스타일로 맞춰주셨다.

새 옷과 새 안경을 쓰고 서울로 올라갔다. 장소는 아르바이트의 추억이 짙게 남아있는 여의도. 배달 기사가 아닌 면접자 자격으로 MBC ESPN 건물로 들어갔다. 단 9명만 살아남는 생존 게임을 위해 50명의 지원자가 모여 있었다. 순서를 기다리며 8시간쯤 지났을까. 자정이 다 된 시각, 드디어 내 이름이 불리고 긴장감을 억누른 채 면접장으로 들어갔다. 자리에 앉기도 전에 질문이 날아들었다.

"어? 해설했던 이력이 있네요, K3리그?"

"네, 그렇습니다."

"그러면 긴 얘기 하지 맙시다. 바로 한번 들어보죠."

즉석에서 중계를 시킬 줄이야! 당황할 겨를도 없이 영상이 재생됐고, 레딩 FC 유니폼을 입은 설기현 선수의 모습이 보였다. 생각나는 대로, 말이 튀어나오는 대로 뱉었다. 그런데 제법 괜찮았다. 그동안 연습을 게을리하지 않은 덕분이었다.

"자, 그만. 알겠습니다."

"감사합니다!"

자리에 앉고, 대답하고, 중계하고, 인사하고. 채 1분도 걸리지 않았다. 다른 사람에 비하면 지극히 짧은 시간이었다. 하지만 나오는 발걸음은 가벼웠다. '됐다'는 느낌이 나를 감쌌다. 문을 열고 나오면서 나를 찍고 있는 카메라를 향해 이렇게 말했다.

"저 진짜 잘했어요. 이보다 더 잘할 순 없어요, 정말."

내 느낌은 완벽하게 적중했다. 최종 9인에 뽑힌 것이다! 여기까지 왔으니, 이제 최후의 1인에 대한 욕심이 생겨나기 시작했다. 9명이 한 자리에 모이고 간단한 소개를 주고받고 보니, 이 욕심은 합리적 희망이 됐다. 생각했던 대로 해외 유학파, 아나운서 지망생 등 고스펙 지원자도 많았지만, 해설자라는 꿈 하나만을 바라보며 달려온 사람, 거기에 해설 경험까지 있는 사람은 내가 유일했기 때문이다.

4주간의 미션이 시작됐다. 일주일에 한 번씩 1박 2일, 총 4번의 합숙 훈련을 통해 최종 우승자가 가려지게 됐다. 미션은 각양각색이었다. 유소년 축구 경기 해설부터, 찜질방에서 해설하기, 개그맨과의 인터넷 생중계 등. 예상치 못한 미션의 연속이었지만, 실전에 강한 나는 축구 지식과 순발력을 총동원해 살아남았다.

어느덧 3주 차, 남은 인원은 4명. 이번 미션은 룰 미션이었다. 심사위원이 실제 중계를 하면서 가장 어려웠던 3가지 장면을 선별했고, 그 상황에 맞는 정확한 해설을 해야 했다. 셋 중 백미는 마지막 장면이었다. 영상을 보자마자 온몸에 전율이 흘렀다. 얼마 전, 아프리카TV에서 중계했던 네덜란드와 이탈리아의 경기, 오프사이드 논란이 있었던 네덜란드의 선제골 장면이었다. 처음에 잘못 생각했던 덕분에 오프사이드에 관해 확실히 알게 된 나는 자신감을 가지고 설명했다. 당시 진행자였던 김성주 아나운서가 "확실합니까? 확실해요? 후회 없어요?"라고 물었다. 확실했다. 무조건 확실했다.

후에 방송을 보니, 3문제 모두 완벽하게 맞힌 사람은 나뿐이었다. 특히 마지막 문제는 나를 빼고 모두 틀렸다. 유비무환이라 했던가, 이래서 사람은 늘 공부하고 준비하는 자세가 필요한가 보다. 덕분에 내가 확실하게 치고 나가게 됐다.

주식회사 랩추종윤 ▶ 이주헌

마지막 미션은 본인만의 차별화된 해설을 준비하는 것이었다. 나는 친근하고 재미있는 사투리 해설을 준비했는데, 어색한 사투리로 현장은 그야말로 '갑분싸'됐고, 대실패로 끝났다.

우승자 발표를 기다리는 시간은 피가 마를 지경이었다. 3주 차까지 승승장구하다가 최종 미션이 너무 만족스럽지 못했다. 심사위원들의 최종 집계가 끝나고, 3명의 도전자가 한자리에 섰다.

"영예의 1위는!…, 축하드립니다, 이주헌 씨!"

아, 짧은 탄식을 내쉬고 트로피를 받아들었다. 진짜 내가 됐구나. 10년을 보고 달려왔는데 이렇게 빨리 될 줄이야. 사람들은 내 해설을 듣고 어떻게 생각할까? 그리고, 엄마는 뭐라고 할까.

어머니께 전화를 걸었다. 그동안 속만 썩이던 큰아들이 해설자가 됐습니다, 빨리 말씀드리고 싶었다. 내 전화를 받은 어머니는 펑펑 우셨다. 진짜 1등 했냐고, 진짜 해설자 되는 거냐고. 뿌듯하고, 또 자랑스러웠다.

그날 아침, 축구 클럽에서 그 신문을 보지 못했더라면 어떻게 됐을까. 계속 기회를 물색했겠지만, 해설자 타이틀을 얻지 못했을 수도 있다. 그런 의미에서 드림잡은, 내 인생을 바꿔놓은 일생일대의 사건이었다. 축구를 그만두고, 치열하게 살지 않았기 때문에 남들보다 배로 노력해야 했다. 겸손한 자세로 기회를 좇다 보니 나도 모르는 새 꿈에 도달해있었다.

축구 해설위원,
그래서 꿈을 이뤘냐고?

　　박지성 선수가 맨체스터 유나이티드 유니폼을 입고 올드 트래퍼드에 첫발을 내디뎠을 때 이런 기분이었을까? 드림잡 우승자 자격으로 얻은 내 데뷔 무대는, 맨체스터 유나이티드와 리버풀의 리그 경기였다. 그것도 축구 팬이라면 누구나 꿈꾸는 그 올드 트래퍼드에서!

　　현장 데뷔전 전날은 설렘과 긴장으로 잠을 이루지 못한 채 뜬 눈으로 아침을 맞았다. 잉글랜드는 1년에 반 이상이 흐리다던데, 그날 맨체스터 하늘은 아주 맑았다. 마치 내 해설자 데뷔를 축하해주는 것처럼.

　　꽉 들어찬 관중석, MBC ESPN 로고가 박힌 중계복, 함께 호흡을 맞출 대선배 장지현 해설위원과 신승대 캐스터, 그리고 눈앞엔 꿈에 그리던 스타플레이어들, 박지성, 호날두, 루니…. 하지만 나는 이 꿈만 같은 상황을 전혀 즐기지 못했다. 첫 멘트는 뭐였고, 경기는 어떻게 흘러갔으며, 끝맺음은 어떻게 했더라…. 정신없이 전반전 중계를 마치고 나니, 그제야 내내 배가 아팠다는 걸 알았다. 뱃속은 꾸룩꾸룩, 이마에 식은땀이 나고 있었다. 뿡~, 참다못해 방귀가 나왔다.

"아, 이 새끼 방귀 뀌었어."

아직 존댓말과 반말을 섞어 쓰던 장지현 해설위원이 까마득한 후배의 당당한 가스 분출에 깜짝 놀라 말을 놓았다. 그 덕분에(?) 나도 긴장이 한결 풀려 후반전에는 비교적 편안하게 중계했다. 박지성 선수의 좋은 활약에도 홈팀 맨유는 비록 1대4로 지고 말았지만, 내 해설 데뷔는 썩 만족스러웠다.

경기가 끝나고 보니 엄청나게 많은 연락이 와있었다. 그도 그럴 것이 시청률 5%가 넘은 빅매치였다. 세계적인 선수들의 이름과 그들의 움직임 하나하나가 내 입을 통해 한국에 전달됐다는 사실이 감격스러웠다. 버벅대기도 하고 실수도 했지만, 경기 후 쏟아진 질책과 격려들은 나를 더 단단하게 만들어주었다.

강렬했던 데뷔를 마치고, 불과 2달 만에 생각지도 못한 일이 일어났다. 2008-2009 EPL 시즌이 끝나자 해외 축구 중계권이 타 방송사로 넘어가버린 것이다. 새 시즌엔 K리그 중계만 할 수 있었고, 내 역할은 해설자가 아닌 현장 리포터였다.

인터뷰가 4개나 있었던 첫 리포팅, 그 기억은 끔찍하다. 나는 실수하지 않기 위해 앵무새처럼 첫 멘트를 외우고 또 외웠다. 네 안녕하십니까, 이주헌입니다. 네 안녕하십니까, 이주헌입니다….

연습 덕분에 첫 번째 인터뷰는 순조로웠다. 두 번째, 팬과의 인터뷰였다.

"관중석으로 가보시죠, 이주헌 해설위원."

"네, 안녕하십니까. 이주헌입니다. 관중석입니다."

아뿔싸, 이제 인사와 내 소개는 필요 없는데. 얼굴이 빨개지면서 세 번째에는 안 하리라 다짐했다.

"네, 안녕하십니까. 이주헌입니다."

진짜 앵무새가 되어버린 것 같았다. 귀에 꽂은 인이어에서 담당 PD의 성난 목소리가 들려왔다. 당황한 나는 마지막까지 "네, 안녕하십니까, 이주헌입니다"를 반복하고 말았고, "지금까지 이주헌이었습니다"로 그날의 리포팅을 마쳤다. 입에 붙어버린 이 말이 하루 종일 떨어지지 않았다. 그날 이후 한동안 담당 PD의 얼굴을 쳐다보지 못했다.

완벽하게 망한 첫 리포팅의 경험은 이후 나를 더 성장시켰다. 짧은 리포팅이었지만, 이제 라이브가 두렵지 않았다. 조금씩 방송에 적응하고 있다는 느낌이 들었다.

상암 월드컵경기장에 현장 리포팅을 나갔던 어느 날, 경기 해설을 맡은 서형욱 위원이 나를 잠시 불렀다. 시원한 커피 한 잔을 내밀며, 해설이 아닌 리포팅만 하는 상황이 싫겠지만, 좋은 경험이라 생각하라며 따뜻한 조언을 건넸다. 가장 좋아하던 서형욱 해설위원의 진심

어린 격려는 나에게 큰 위로가 됐다.

그렇게 현장 리포팅과 축구 강사 일을 병행하며 생활을 이어가던 2010년 말, 손흥민 선수와 구자철 선수가 분데스리가에 진출하면서 MBC스포츠플러스에서 분데스리가 중계권을 샀고, 나도 다시 해설을 하게 됐다. 나에게 배정되는 경기가 많지는 않았지만, 리그에서 활약한 우리 선수들 덕분에 내 인지도도 많이 쌓였다.

TV 출연이 잦아진 나에게 아프리카TV에서도 연락이 왔다. 해외 축구 중계권을 사려고 하니, 아프리카TV에서도 중계를 해달라는 요청이었다. 내가 꿈을 키우던 그곳, 고민스러웠지만 거절했다. 솔직히 말해 당시 아프리카TV는 인식이 좋지 못했다. 나는 정식 해설자니까, 아프리카TV에서 중계를 하면 어렵게 쌓은 내 이미지가 안 좋아질 것만 같았다. 간혹, 큰 이벤트 경기가 있을 때만 아프리카TV에 나갔다.

3년 정도 해설자 생활을 하며 어느 정도 얼굴을 알렸지만 스케줄과 수입은 여전히 불안했고, 중계권이 또 없어질지 모른다는 걱정도 늘 있었다. 그러던 2012년 봄, 스포티비에서 스카우트 제의가 왔다. 급여는 월급제로 지급하고, 많은 중계를 주겠다는 매력적인 조건이었다. 결코 많은 금액은 아니었지만, 안정적인 생활에 갈증을 느끼던 나에겐 참 고마운 제안이었다.

그곳에선 내가 원했던 것보다도 더 많은 중계를 할 수 있었다. 1년에 100경기 이상 중계가 보장됐고, 많으면 하루에 3경기를 하는 날도 있었다. 때론 힘에 부치기도 했지만 엄청난 경험이었고, 그야말로 내가 꿈꾸던 해설자의 삶인 것 같았다.

내 인생에 있을 거라곤 상상도 못 해봤던 실시간 검색어 1위도 해봤다! 비록 좋은 일은 아니었지만. 2013-2014 시즌 챔피언스리그, 맨체스터 시티와 바르셀로나의 16강 1차전이었다. 양 팀 모두 화려한 라인업을 자랑하며 팽팽하게 경기가 펼쳐지던 도중, 후반전 맨시티의 데미첼리스 선수가 거친 태클로 퇴장을 당했다. 치열한 2차전을 위해서라도 맨시티가 힘을 내길 바랐던 나는, 나도 모르게 맨시티에 치우친 해설을 하고 말았다. 방송국 홈페이지 게시판에는 바르셀로나 팬들의 비난 글이 5페이지를 넘겼다. 늦은 새벽 시간, 내 이름은 금세 실시간 검색어 1위에 올랐고, 한동안 편파 해설의 아이콘으로 축구 팬들의 입에 오르내렸다.

월급제라는 제도는 덫이 되기도 했다. 여전히 계약서 한 장 쓰지 않은 프리랜서였지만, 스포티비에서는 '소속 해설위원'이라는 이유로 내가 타 방송사에 출연하는 것을 싫어했다. 회당 출연료로 환산했을 때 회사 해설위원 중 가장 적었던 내 월급으로는 외부 활동이 필수적이었다. 이후 회사에 내 입장을 전달하니 이해해주는 듯했다.

갑작스러운 스케줄 변경에도 익숙해져야 했다. 원래 배정됐던 해설자의 스케줄이 펑크가 나서 '땜빵' 출연하는 일도 적지 않았다. 급하게 현장으로 가도, 조금이라도 시간에 늦으면 볼멘소리를 들어야했다. 프리랜서는 원래 이런 거라며, 그래도 중계를 많이 못 할 때보단 나은 환경이라고 스스로 다독였다.

고정된 월급 안에서 중계에, 다른 프로그램까지 출연하며 군말 없이 일했다. 1년이 지날 때마다 재계약을 했고, 방송계가 으레 그렇듯 출연료는 2년째 동결이었다. 용기를 내 출연료 인상을 요구해봤지만, 받아들여지지 않았다.

타 방송사 출연에 대한 불만 섞인 이야기도 다시 들려왔다. 사내에서 나에 대한 평이 안 좋다는 소문도 돌았다. 회사와 나 사이에 갈등의 골이 깊어지면서 내가 배정된 중계가 점점 줄어들기 시작했다. 2015년, 아시안컵이 열릴 무렵이었다. 국제대회를 앞두고 나뿐만 아니라 많은 해설자가 여러 방송국에 얼굴을 비추는 때였다. MBC에서 아시안컵 프리뷰 방송을 준비하고 있었는데 띵동, 문자 메시지로 스포티비에서 중계 배정표가 날아왔다. 내 이름이 없었다. 그 다음 주, 또 내 이름이 없었다. 이상함을 느끼고 담당 PD에게 메시지를 보냈다.

'이번 스케줄표에도 제 이름이 빠져있던데, 그럼 저 이제 관두겠습니다.'

프리랜서로서 당연히 겪는 일이라 생각하며 불합리를 감내해왔지만, 더 이상은 힘에 부쳤다.

'예, 알겠습니다. 팀장님께 보고할게요.'

몇 분 뒤,

'팀장님이 알았다고 합니다.'

잡아주기를 기대하진 않았지만, 이렇게 메시지 하나로 끝내길 원

한 건 아니었다.

'그만둘 땐 그만두더라도 인사드리러 가겠습니다.'

'팀장님이 그러실 필요 없다고 하네요.'

그 메시지가 스포티비에서의 마지막이었다.

다시, 해설자의
꿈을 키운 그곳으로

복잡한 감정 속에 하루하루를 보냈다. 스포티비는 좋은 기억도, 힘든 기억도 많이 남긴 회사였다. 방송국이 자리 잡는 데 꽤 공헌했다고 생각해왔는데 그런 대우가 섭섭하기도 했고, 나도 해설자로서 그 안에서 많이 성장했기에 정식으로 마무리 짓고 싶었다. 그래서 끝이 더 아쉬웠다.

스포티비를 나와서는 한동안 고정적인 일이 없었다. 다른 방송에 간간이 출연하는 정도였다. 해설자가 되고 난 후 몸도 마음도, 가장 암울한 시기가 지나고 있었다. 그때를 생각하면 늘 아내에게 미안하고 고맙다. 결혼 후 얼마 되지 않았고 아내는 임신을 해 점점 배가 불러오고 있었으니, 나중에 들은 얘기지만 아내도 심리적으로나 경제적으로나 많이 불안했다고 한다. 하지만 당장의 생계가 막막했음에도 아내는 내가 스포티비를 그만두는 걸 말리지 않았다. 정신적으로 너무 힘들어하는 걸 알았기 때문에 잘한 결정이라며 나를 믿어주었다.

그런 아내를 봐서라도 허송세월할 수는 없었다. 앞으로 뭘 할지 생각하다 보니, 순수하게 해설에 대한 열정만이 가득했던 그 시절이 떠올랐다. TV에 나오는 해설자가 될 거라며 참 열심히 연습했던 그 시절. 이렇게 방송에 대한 회의감만 가득 안고 떠날 줄도 모른 채, 멋모르고 참 열심히 했었구나. 그때 아프리카TV가 다시 생각나기 시작했다. 불안의 연속이었던 방송국과는 다르게, 아프리카TV는 오로지 중계에만 집중할 수 있는 환경이었다. 내가 원하는 시간에, 내가 원하는 대로 말이다. 나를 불러주기만을 기다리는 생활은 깨끗하게 끝낼 수 있었다. 내가 주체가 되어 방송을 하면 됐다.

중계권이 없어질까 노심초사할 필요가 없다는 점도 중요했다. 다른 방송국으로 중계권이 넘어가 버리면 그 순간부터 해설자의 역할도 없어지게 되는, 그 상황을 나는 해설자가 되자마자 실제로 겪었으니 그때의 막막함을 잘 기억하고 있었다. 중계권 때문에 해설의 기회를 잃는 건, 내 해설의 내용과 평판이 좋고 나쁘고의 문제보다 어쩌면 더 치명적이다. 내가 전혀 손 쓸 수 없는 부분에 의해 입지가 흔들리는 상황은 다신 겪고 싶지 않았다. 중계권에, 그리고 방송국에 더 이상 휘둘리고 싶지 않았다.

하지만 해설자가 된 이후 아프리카TV에서 오는 중계 요청도 거절했던 나였다. 다신 아프리카TV를 내 손으로 켤 일이 없을 줄 알았다. 그러나 현실과 이상 사이의 거리는 멀었다. 분명 큰 결심이 필요했다. 그때 아프리카TV는 내가 처음 시작했던 2006년과는 많이 달라져 대중적인 인지도가 많이 높아져 있었지만, 여전히 가볍고 선정적인 방송을 하는 BJ들이 즐비했기에 결코 좋은 이미지는 아니었다. 전문 해설위원이 아프리카TV에서 개인 방송을 하는 사례가 없었던 건 아마도 그런 이유 때문이었을 것이다. 본격적으로 아프리카TV BJ로서 활동하기 시작하면 다신 TV에 모습을 보일 수 없을 것 같았다.

긴 고민의 결론은, 아프리카TV였다. 다시 방송국에 돌아가지 못해도 좋다는 각오로 승부를 보자고 다짐했다.

기존 해설위원 출신 BJ는 아마도 내가 유일했을 것이다. 군인 시절, 검문소에서 헤드셋 하나만 사서 개인 방송을 시작했듯이, 나는 마음을 먹으면 어떻게든 시작하고 보는 타입이다. 다시 아프리카TV로 돌아가려 하니 이번엔 컴퓨터와 헤드셋만으로는 역부족이었다. 이미 많은 전문 BJ들이 고퀄리티 방송을 하고 있었다. 아는 인맥을 총동원해 방송을 할 수 있을 만한 사무실을 빌렸다. 장소가 구해지면 양손에 컴퓨터와 장비들을 가득 든 채, 해외 축구 경기 시간에 맞춰 늦은 밤 집을 나섰다. 남의 사무실에 가서 장비를 설치하고 방송이 끝나면 다시 철수하기를 반복했다. 가벼운 마음으로 뛰어든 게 아니었기에 이곳저곳 전전하며 꿋꿋이 개인 방송을 이어갔다.

혼자서는 재미가 없어 같이 할 사람도 구했다. 몇 년 전, 한 행사에서 만나 합이 꽤 잘 맞았던 박기덕 캐스터였다. 프리랜서로 활동하던 기덕이는 내 섭외에 흔쾌히 응했고, 함께 떠돌이 생활을 하며 축구 중계를 했다. 역시 백지장도 맞들면 낫다고, 스포츠 카테고리에서 5위 안에 들기도 했다.

여기 저기 돌아다니며 방송을 하는 건 정말 쉽지 않았다. 다른 BJ들처럼 나도 내 부스가 하나 있으면 개인 방송을 제대로, 더 잘 할 수 있을 것 같았다. 내가 스포티비를 나오려고 할 때쯤 한 유명 축구 게임 BJ의 초대를 받은 적이 있다. 그 친구의 집에는 방송국 스튜디오 축소판 같은 전용 부스가 있었다. 그 부스가 문득 떠올랐지만, 내 상황에서 그런 부스를 만드는 건 현실적으로 불가능에 가까웠다. 아무리 작은 부스라도 돈 천만 원은 필요하다고 하던데, 수중에 천만 원이 있을 리 없었다.

힘겹게 개인 방송을 이어가던 어느 늦은 밤, 아내와 술을 한잔하던 도중 아내가 일 얘기를 꺼냈다. 아내는 밤마다 방송하러 무거운 짐을 들고 돌아다니는 내 모습이 썩 안쓰러웠던지 집에 부스를 만들어보자고 제안했다. 마이너스 통장을 쥐어주며, 부스를 만들어서 내가 마음 편히 하고 싶은 방송을 해봤으면 좋겠다고 했다.

아내 통장을 박박 긁어 부스 자금 천만 원을 마련했다. 부담은 됐지만 당장의 빚은 미래를 위한 투자라고 생각했다. 30년 된 오래되고 작은 아파트 신혼집에서, 가장 작은 방 하나를 부스로 단장했다. 책상을 놓고 컴퓨터를 설치하고 방송에 필요한 최소한의 장비를 놓았다. 들어가고 나갈 땐 게걸음을 해야 할 만큼 좁았지만, 그래도 행복했다. 이제야 내 방송국을 가진 정식 BJ가 된 것 같았다. 이 '한 칸짜리 방송국'에서 정말 뭔가 이뤄내야지, 각오를 굳게 다졌다.

굳은 각오는, 일주일 만에 흔들렸다. 여기서 뭘 해야 하지? 주말에

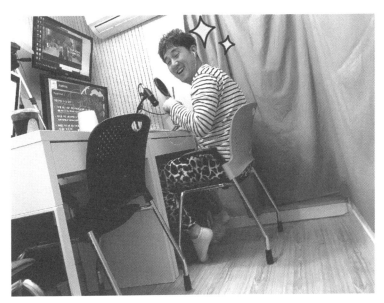

신혼집에 만든 부스.

만 하는 축구 중계만으로는 매일 방송을 할 수 없었다. 내가 해설 말고 뭘 더 할 수 있을까 하며 다른 BJ들을 살펴보니, 아프리카TV에서 가장 인기 있는 콘텐츠는 역시 게임이었다. 그런데 나는 게임에 취미가 없었다. 수능 날 아침에 했던 스타크래프트 이후로는 게임을 한 기억이 별로 없었다. 몇 년 만에, 방송을 하기 위해 무작정 게임을 배웠다. 인기 있는 게임은 죄다 손을 대봤다. 잘 늘지 않는 것 같으면 현금으로 아이템을 구매하는 일명 '현질'도 했다.

속성으로 배운 내 게임엔 알맹이가 없었다. 그러니 보는 사람이 없는 건 당연지사. 하루는 웬일인지 내 게임 방송을 4명이나 보고 있기에 조금 들떴다. 알고 보니, 나와 같이 게임하는 같은 팀 사람들이었다.

시청자를 끌어모으기는 생각처럼 쉽지 않았다. 부스를 만들고 약 3개월간, 수익적으로 큰 변화가 없었고, 특별히 나아진 것도 없었다. 부스 안에서 종일 멍하니 앉아있는 시간이 많아졌다. 유명 BJ가 되는 건 해설자가 되는 것만큼이나 어려운 일이라는 걸 깨달았다.

고민이 깊어가던 시점에 같이 중계하던 기덕이가 이런 얘기를 했다.

"형, 나 잘 아는 캐스터가 있는데 한번 데려올까요? 축구 잘 아는 앤데."

EPL 아스널과 선덜랜드의 경기 전날 밤이었다.

Chapter 2
100만 공감 보장하는 '내 이야기'

처음부터 그때까지 나는 오직
뉴스 앵커나 라디오 DJ만을 꿈꿔왔다.
'축구 덕후'였지만 일로서는 전혀 관심 없었던 내가
이 방송국에 원서를 넣은 건,
단지 스물아홉 안에 뭔가를 이뤄야 했기 때문이었다.

아나운서를 꿈꾸던
축구광

　'밝고 진취적인 성품으로 교우 관계가 원만하며 교과 성적이 우수한 모범 학생임.'

　나는 초등학교 시절엔 늘 반장에 뽑혔고, 중학교 때는 반에서 1등을 놓치지 않았던 전형적인 모범생이었다. 어머니의 기억을 빌리자면, 학교에 들어가기 전에는 소심하고 소극적인 편이었다고 한다. 부아앙- 소리를 내며 밥 먹던 아이들까지 모조리 불러 모았던 소독차가 지나갈 때도 나는 무섭다며 동생을 데리고 피하기 일쑤였고, 두부를 좋아하며 인삼차를 마시던, 입맛마저 다소곳한 꼬마였다.

　그런 내가 초등학교에 들어가자마자 반장이 되었다고 하니 부모님은 등 떠밀린 줄 아셨지만, 사실 나는 선거에 자진해서 출마했다. 무슨 바람이 불었는지 반장 하고 싶은 사람 손들라는 말에 나도 모르게 손이 번쩍 올라갔다. 쩌렁쩌렁, 반장이 되고 싶다 소리치던 나를 친구들

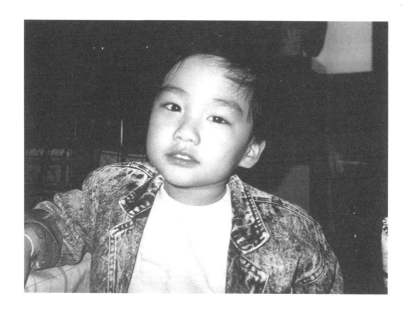

은 한마음으로 뽑아주었다. 그때부턴 남들 앞에 서는 것도 거리낌이 없었다. 왜, 반에 이런 친구들 꼭 있지 않나. '발표할 사람?', '누구부터 할래?' 하면 항상 가장 먼저 손드는 친구. 그게 나였다. 친구들 앞에 나서는 것이 좋았고, 선생님들은 그런 나를 예뻐해 주셨다.

중학교 땐 몸집이 작으니 반장은 못 하는 거라 생각해 지레 포기했지만, 감투만 쓰지 않았을 뿐 공부도 잘했고 학교생활도 잘 풀어나갔다. 소풍 가는 버스 안, 맨 뒷자리 5명 중 하나인 핵인싸였다.

고등학교 입학을 앞두고는 시험을 치러야 했다. 내가 살던 동네는 비평준화 지역이어서, 일명 '뺑뺑이'로 무작위 배정되는 게 아니라 입학 선발 고사를 거쳐 원하는 학교에 들어가는 방식이었다. 상위권 성적을 유지하고 있던 나는 무난하게 우리 지역에서 가장 좋은 고등학교에 들어갈 수 있었다.

이런 모범생이었던 내가, 아이러니하게도 초중고 12년 동안 한 번도 받아보지 못한 상이 있는데, 그건 바로 개근상이다.

부모님은 나를 키우면서 법이 허락하는 최대한의 자유를 주셨다. 뭔가를 강요한 적이 없었고, 매사에 의견을 존중해주셨다. 이사를 갈 때도, 나와 동생에게 새집을 보여준 후에야 결정할 만큼 민주적인 분위기 속에 성장했다. 학교에 가는 것도 강요하지 않으셨다(물론 출석일수는 채웠지만). 비 오는 아침, 흐릿한 하늘을 보며 찌뿌듯하게 일어나면 어머니는 학교 가기 싫지 않냐고 먼저 묻곤 하셨다. 어쩜 내 맘을 그렇게 잘 아시는지! 지금 생각하면 내가 부모가 되어도 하지 못할, 상상 속에나 존재할 것 같은 어머니와 함께 집에서 부침개를 부쳐 먹으며 하루 종일 뒹굴거렸다.

학원을 고를 때도 늘 내 의사를 물으신 덕분에, 대한민국 남성 중 99%가 다녀봤다는 태권도 학원도 나는 다니지 않았다. 어린 내 눈에는 도복을 입고 다니는 모습이 왠지 싫었나 보다. 태권도 대신 나는 피아노를 배웠다. 피아노는 아버지의 두 번째 선물이었다. 넉넉지 못한 어린 시절을 보내셨다는 아버지는 책상 한번 가져보는 게 소원이었다고 입버릇처럼 말씀하셨다. 그래서인지 나에게 가장 먼저 사주신 선물이 책상이었고, 얼마 후 우리 집에는 피아노도 들어왔다. 아들에게 주는 선물이자, 책상과 피아노를 사줄 수 있을 만큼 잘 자란 당신 스스로를 위한 선물이었으리라.

호기심에 피아노를 한두 번 두드려보던 나에게 어머니는 피아노 배워보기를 권하셨다. 잘 치면 나중에 멋있을 거라는 말에 혹하기도 했고, 뚱땅거리는 대로 소리가 나는 피아노가 신기하기도 했다. 대신에 집에 피아노가 있으니 학원이 아닌 집에서 배우고 싶었다. 내 바람대로 어머니는 일주일에 3번씩 레슨 선생님을 집으로 불러주셨다. 그렇게 만난 피아노는 완전히 내 스타일이었고, 학창 시절 동안 쭉 피아노와 함께했다.

철저하게 자유를 주신 부모님의 교육 방침 덕분에 나는 학창 시절 한 번도 엇나가지 않았고, 일탈에 대한 생각조차 해본 적이 없었다. 오히려 너무나 완벽한 자유 속에서, 나 스스로 제한을 두었다. 이 정도만, 여기까지만. 어려서부터 적당한 선을 지키는 법을 혼자서 터득했고 남들보다 일찍 철이 들었다. 남들에게 싫은 소리 듣는 게 싫어서 행동 하나하나에 신경 썼다. 내 자유가 누군가에게 불편하지 않도록 노력했다.

좋아하는 건 대부분 잘했지만, 축구는 잘 못했다. 축구가 너무 재밌었는데, 친구들과 축구를 할 때면 면박을 당하기 십상이었다. 그러다 보니 하는 축구보다 보는 축구가 더 좋아지기 시작했다.

중학교 1학년 때 열린 1998 프랑스 월드컵은 도화선이 됐다. 차범근 감독이 이끈 우리 대표팀은 아쉽게 16강 진출에 실패했지만, 나는 그 이후에도 새벽마다 일어나서 축구를 봤다. 우리나라를 떨어뜨린 유럽의 나라들, 빠르고 힘 있는 유럽 축구는 정말 환상적이었다.

특히 우리나라가 속해있던 E조에서 선두로 올라간 네덜란드는 8강에서 아르헨티나와 만났는데, 지금도 월드컵 최고의 경기 중 하나로 회자되는 바로 그 경기였다. 팽팽하게 1대1 스코어를 유지하며 종료 직전에 다다른 순간, 하프라인 저 멀리서 공이 날아왔고 문전으로 쇄도하던 한 선수가 부드럽게 공을 받아 단 3번의 터치로 골망을 갈랐다. 베르캄프, 그 이름 네 글자가 내 머릿속에 각인됐다. 그 이후 나는 순식간에 축구의 세계로 빠져들었다.

2년 뒤에 열린 유로 2000은 유럽 축구에 매료됐던 나에겐 최고의 대회였다. 지상파에서 대회 생중계를 해준 덕분에 밤을 새우며 축구를 봤다. 매일 축구를 보다 보니 자연스럽게 인터넷, 지금의 축구 커뮤니티의 전신이라고 할 수 있는 PC통신 게시판에서 해외 축구 이야기를 하며 노는 시간이 많아졌다.

해외 축구 리그는 우리나라보다도 팀이 훨씬 많은데, 그중 가장 매력적인 팀은 베르캄프가 있었던 아스널이었다. 가슴에 대포를 품은 빨간 유니폼의 전사들, 그때부터 아스널의 경기를 모두 챙겨봤다. 고등학생인 아들이 밤잠도 잊은 채 매일 축구를 본다면, 우리네 부모님은 어서 자라며 TV를 끄고 컴퓨터 선을 뽑기 마련이겠지만 다행스럽게도 우리 부모님은 그런 분이 아니셨다. 오히려 푹 빠진 취미가 있는걸 좋아하셨다. 2001-2002 시즌, 인생에서 가장 축구를 많이 본 시기가 바로 이때부터였다.

이듬 해 2002 월드컵은 내 축구 열정에 기름을 부었다. 나는 학교에서 자타공인 축구 전문가로 이름을 날렸다. 해외 축구를 줄줄 꿰고 있던 나는 친구들 사이에서(당시엔 없었던 표현이지만) 이른바 '축잘알'이었다. 이 대표팀은 어떤지 유명한 선수는 누가 있는지, 친구들은 전부 나에게 물었다. 어깨에 태극기를 두르고 광화문에 다 함께 나갔고, 학교에선 경기를 녹화한 비디오테이프를 친구들과 같이 보기도 했다.

그렇다고 축구가 내 미래가 될 거라 생각하진 않았다. 초등학교 땐 조금 구식처럼 느껴지는 '대통령' 세 글자가 장래 희망 칸에 적혀 있었고, 5학년 즈음 꿈이 아나운서로 바뀌었다. 아나운서가 되고 싶었던 이유는 라디오 DJ를 하기 위해서였다.

그 시절, 내 동년배들은 모두 라디오를 듣고 자랐다. 음악을 좋아했던 나는 유독 라디오에 빠졌고, 라디오 DJ는 내 선망의 대상이었다. 그런데 DJ는 아무나 하나. 배우? 가수? 연예인이 될 자신은 없었다. 남은 선택지는 아나운서, 자연스럽게 그리고 막연하게 꿈이 정해졌다.

수능만 4번 본
입시 실패자

고등학교에 들어가 처음 본 시험은 충격적이었다. 태어나서 한 번도 받아본 적 없는 낮은 등수를 받은 것이다. 난다 긴다 하는 친구들이 모두 모인 곳에서 축구에 빠진 채 슬렁슬렁 공부한, 당연한 결과였다. 그래도, 워낙 공부 잘하는 학교였으니 어느 정도만 하면 소위 '인서울'은 할 줄 알았다.

학교에 가기 전 컴퓨터를 켜 커뮤니티를 둘러보고, 집에 와서는 새벽까지 축구를 보는 것이 일과였다. 그러다 고등학교 3학년 때 '하이버리'라는 아스널 팬 사이트를 만나게 된다. 나와 말이 통하는 불특정 다수의 사람을 만날 수 있는 그곳은 내 놀이터였다. 나도 게시판에 내 나름의 칼럼 비슷한 글들을 쓰기 시작했다. 아스널 축구 지금처럼은 안 된다, 이렇게 바뀌어야 한다…, 사람들이 그런 내 글에 동조하고 반응하기 시작하며 '슈퍼아스날', 내 닉네임이 차츰 알려지게 됐다.

축구와 공부를 병행하며, 서울에 있는 유명 대학교 3곳에 정시 지원했다. 아나운서의 꿈을 위해 전공도 방송 관련 학과들 위주로 정했다. 11월, 대망의 수능을 치렀다. 성적은 기대보다 낮았고, 지원했던 가, 나, 다 군 세 학교에서 모두 탈락하고 말았다. 원서 3패를 당하니 눈앞이 깜깜했다. 집안에서 며칠을 울던 나에게, 엄마는 "재수하면 되지, 사내놈이 그런 거로 우냐"며 고기를 사주셨다.

그래, 울어서 해결될 일이 아니었다. 다음날 곧바로 재수학원에 등록했다. 수능 점수가 높아 학원 등록 테스트를 보지 않아도 됐지만 그런 상황이 더욱더 현실을 못 보게 만들었다. 내일 다시 수능을 보면 더 잘 볼 수 있을 것 같다는 근거 없는 자신감에 가득 찬 나는 재수학원을 1년 다니면서 공부를 하지 않았다. 다시 시험을 보기만 하면 당연히 원하는 대학에 갈 수 있을 테니까. 내 관심은 오로지 축구였고, 그도 그럴 것이 그때가 2003-2004 시즌, 아스널이 무패우승의 신화를 달성했던 바로 그 시즌이었다. 축구를 놓을 수가 없었다. 축구를 안 볼 때는 독립영화를 보러 다니거나, 인디 음반을 사러 다니곤 했다. 지독한 홍대 병에 빠져있었다. 지금 생각해보면 뒤늦은 사춘기가 찾아온 것이었다. 당연히, 재수는 망했다. 지난해 수능 점수보다 더 안 나왔다.

수능 성적표를 받아 들고 집으로 가 방문을 꽉 닫았다. 누구를 탓할 수도 없는, 온전히 내 행동에 따른 결과였다. 후회에 갇힌 채 몇 시간이 흐른 뒤, 아버지가 나를 부르셨다.

"종윤아, 이제 그만 나와."

문을 열고 나가자마자 수능 다시 보고 싶다고, 3수 하겠다고 말씀 드렸다. 늘 하고 싶은 대로 밀어주시던 아버지였는데, 처음으로 나를 말리셨다. 생으로 3수를 하는 건 너무 불안하니 일단 지금 갈 수 있는 대학교에 입학하라고 하셨다. 제대로 공부하지 않았던 지난 1년은 생각하지 않고, 목표에 못 미치는 성적표에 눈이 멀어 우겨도 봤지만 아버지도 처음으로 완강했다. 한 학기만 등록한 뒤 휴학하고 다시 수능 보겠다. 부모님과 타협을 마치고는 친구들과 처음으로 술을 마셨다. 재수할 때도 마시지 않았던 술을 처음 마시고 나는 필름이 끊겼다.

원했던 신방과도 아닌 경영학부였지만, 등록만 할 것이었으니 아무럼 상관없었다. 수강 신청도 하지 않았고, 각종 행사며 시험에도 참석하지 않았다. 1학기 평점 0.3점을 받고는 바로 휴학을 신청했다. 여전히 홍대 병 말기였던 나는 독립영화관과 소형 음반 매장을 전전했고, 축구 커뮤니티에서 살다시피 했다. 친구들도 만나지 않고 축구 커뮤니티 정모에만 참석했다. 다시 수능을 봐서 원하는 성적만 나오면 그만이었다.

3번째 수능을 봤고, 물론 성적은 좋을 리가 없었다. 더 이상 면목이 없었다. 계속 수능에 미련이 남아 보이는 내게 부모님은 시험에 그만 집착하고 어학연수라도 다녀오길 권하셨다. 아무것도 들리지 않았다.

"내가 알아서 할게."

2006년 봄, 그러니까 나에겐 1학년 2학기였던 그때는 학교에 다녀보려고 했다. 학교 앞에서 파는 토스트도 먹어보고, 필수 과목 수업을

번개맨.

들으며 일주일쯤 다녔나. 또 학교에 빠지기 시작했다. 무단결석이 계속되자 학교에서 연락이 왔다, 시험도 보지 않으면 구제해줄 수 없다고. 못 이기는 척 시험은 '보기만' 했다. 두 학기 평점은 0.76으로, 이미 학사경고는 2장이 쌓였다. 학기가 끝나기 무섭게 휴학 신청서를 내고는 그 여름, 나는 4번째 수능을 준비했다.

그리고 그 해, 지금의 나에게 '번개맨'이라는 별명을 붙여준 기념비적인 일이 일어난다. 하이버리에서 쪽지 한 통을 받았는데, 풋볼 2.0이라는 인터넷 매체 담당 PD라고 했다. 한준희, 장지현 해설위원과 각 구단 팬들이 함께하는 대담에 아스널 팬 대표로 나와 달라는 것이었다. 아나운서가 꿈이었던 나에게, 그것도 축구 방송 출연은 두 팔 벌려 환영이었다.

비싼 청바지, 고가의 안경을 쓰고 유행하던 목걸이로 포인트를 줬다. 스튜디오에 가니 두 해설위원과 축구 전문 기자들도 있었다. 설렘 반 긴장 반으로 녹화는 시작됐다. 자타공인 아스널 전문가로서, 나는 막힘없었다. 어머니도 정말 좋아하셨다. 첫 방송 출연에도 전혀 긴장 않는 걸 보니 방송이 체질인 것 같다며 들뜨셨다.

몇 달 후 한 번 더 출연 기회를 얻었고, 녹화가 끝나고 뒤풀이 자리도 가졌다. 유명 축구인들과 막걸릿잔을 부딪는 건 꿈만 같았다. 한준희 해설위원과 장지현 해설위원은, 뒤풀이 자리에서 유독 나에게만 "이 친구 말 잘하더라" 이야기해주셨다.

그렇게 시간이 흘러 나의 4번째 수능이 코앞까지 닥쳤다. 모의고사를 보니 여전히 점수는 안 나왔다. 벌써 4번째인데 이걸 어쩐담. 날짜가 하루씩 다가올수록 겁이 났다. 이제 자신감은 온데간데없고 걱정만 가득했다.

수능 일주일 전, 마음의 결정을 내리고 부모님을 집 앞 연탄구이 집으로 호출했다. 소주를 한 병씩 마셔갈 때쯤, 용기가 났다.

"나 수능 시험장에 들어가기가 너무 무서워. 그냥 군대 갈래요. 더 미루다간 인생 꼬이겠어."

나를 가만히 바라보시던 부모님은 지금이라도 그렇게 생각해줘서 고맙다며, 늘 내 결정을 믿어주셨던 대로 도피성 입대마저 응원해주셨다. 20대 초반, 인생의 황금기를 수능에만 매달리고 있는 내 모습이 많이 안쓰러우셨나 보다. 그날 밤, 무거웠던 짐을 내려놓은 우리 셋은 거나하게 취했다.

외박을 자주 나온다는 이유로 친구들이 모두 의경을 간 덕에 나도 자연스레 의경에 지원했다. 눈 내리던 겨울날, 강아지와 부모님의 배웅을 받으며 스물셋에 의경으로 입대했다.

군대는, 늦은 사춘기에 빠져있던 나를 확 바꿔놓았다. 모든 고민을 내려놓으니 군 생활에만 온전히 집중할 수 있었다. 싫은 소리 듣기 싫어하는 성격 탓에 고된 일도 나서서 했고, 모두가 그런 나를 좋아했다. 반복된 입시 실패로 침울하던 나는, 사람들과 어울리며 조금씩 쾌활했던 원래 성격을 되찾았다. 군대는 정말 가기 싫은 곳이지만, 중요한 터닝포인트가 될 수 있는 곳이기도 하다.

간만에 되찾은 자신감에 과하게 취했던지 5번째 수능에 도전할 뻔도 했다. 전역이 1년쯤 남았을 때였다. 나를 아들이라 부르며 예뻐하셨던 중대장님이 하루는 밤에 나를 불렀다. 탕수육에 소주 한잔하며 앞으로의 계획을 물으셨다. 취기를 빌려 대학 때문에 맘고생을 하고 왔던 사실을 털어놓았다.

"너 그러면, 수능 다시 봐라. 내가 너 근무 열외 시켜줄게."

"에이, 말도 안 됩니다. 이제 안 봅니다."

"너 인생에 무슨 후회를 남기려고 그러냐. 내가 어떻게든 밀어붙여 볼게."

주식회사 랩추종윤 ► 박종윤

나처럼 수능을 많이 본 사람들은 공감할 테지만, 수능은 진짜 마약이다. 마음을 접은 후로도 매년 수능 시험지를 찾아봤고, 수능 전날 잠을 설치지 않은 것도 얼마 되지 않았다.

중대장님의 중대한 제안에, 수능을 향한 갈망이 다시 생기는 거다. 시험장 들어가기도 무서웠던 그 기억은 싹 잊힌 듯했다. 며칠을 고민하던 중, 광우병 사태가 터졌다. 대규모 촛불 집회가 열렸고, 급박한 상황에 우리 의경은 외박도, 휴가도 중단이 됐다. 덕분에(?) 다행스럽게도 내 5수 도전의 꿈은 물거품이 됐다.

나 이제
그만 실패하고 싶어

전역을 하고, 복학을 앞둔 어느 날 어머니가 이런 말씀을 하셨다.

"만약 네가 원하는 걸 다 이뤘다면 교만해졌을지도 몰라. 수능에서 실패한 그때를 생각하면서 항상 자만하지 말고, 열심히 살아."

그 말을 들으니 정신이 번쩍 들었다. 사회에 나와 현실에 순응하고 보니, 날려버린 두 학기의 만행을 만회하려면 남은 여섯 학기 동안 공부에 올인은 필수였다. 연락도 안 하고 지내던 동기들에게 물어물어, 꽉 채운 18학점으로 수강 신청을 했다.

내가 원하던 전공도 아니었기 때문에 공부는 배로 힘들었다. 그럴 때마다 수능 실패, 그 이후 암울했던 시간들을 떠올리며 마음을 다잡았다. 중간고사에서 나는 기어이 전 과목 A+를 달성했고, 은인 같은 교수님 눈에 들어 연구실 한편에 자리도 얻을 수 있었다. 덕분에 학교 생활도, 공부도 순조로웠다.

3학년을 마치고 오랜만에 다시 휴학을 했다. 마약 같은 수능에 재도전한 게 아니고, 취업 준비를 위해서였다. 같이 공부하던 동기들은 죄다 대기업 공채를 준비한다고 했고, 내 친구들도 하나둘씩 좋은 곳에 취업하기 시작했다. 아나운서가 내게 얼마나 철없고 허무맹랑한 꿈이었는지는 금방 깨달을 수 있었다. 미련 한 조각 남기지 않은 채 깨끗하게 접었다. 20대 초반을 날리면서 몸소 배운, 아니다 싶으면 빨리 포기해야 한다는 교훈 덕분이었다. 친구들을 따라가려면 한눈팔 새가 없었다. 각종 자격증과 어학 점수 등 일명 '스펙 쌓기'를 위한 휴학이었다.

축구도 거의 보지도 않았다. 축구를 멀리해야 내가 제대로 살 수 있을 것 같았다. 그래서 2010년대 초반은 축구 기억이 드문드문하다.

그해 연말, 가족끼리 가진 송년회 자리에서 어머니가 취업 준비는 잘 되어 가는지 물으셨다.

"은행이 다들 좋다고 해서, 은행 준비하고 있어요."

어머니는 내가 은행원이 되는 게 상상이 안 간다고 하셨다. 아나운서 하고 싶다고 하더니, 수능은 4번이나 본 애가 꿈에 있어서는 왜 아무것도 해보지도 않고 접느냐는 것이었다. 이미 현실의 쓴맛을 본 나는 헛웃음이 나왔다. 그건 다른 문제라며, 아나운서는 내 길이 아니라고 강하게 못 박았다.

잠시 정적이 흘렀다. 어머니는 4수생 시절 내 방송 출연에 누구보다 기뻐하셨고, 자랑스러워하셨다. 나보다 더 아나운서라는 꿈에 대한 미련이 많으신 듯했다. 어머니가 불쑥 카드를 내미셨다.

"아나운서 아카데미에 등록하고 와. 시도조차 안 해보고 포기하면 엄마가 너무 실망스러울 것 같아."

어머니의 말씀을 듣다 보니, 마음이 사정없이 흔들렸다. 나도 아나운서의 꿈을 완전히 접은 게 아니었던 거다. 현실 때문에, 다시 실패하고 싶지 않다는 생각에 꾹꾹 눌러놓았을 뿐이었다.

해가 바뀌자마자 어머니가 주신 카드를 들고 신촌에 있는 아나운서 아카데미에 찾아가 3개월 종합반에 곧장 등록했다.

대충할 생각은 추호도 없었다. 내겐 트라우마로 남은 실패의 기억들은, 나를 매사에 열과 성을 다하게 만들었다. 그 때문에 아나운서 아카데미에서도 유별난 학생이었다. 주 3회 수업이었지만 일주일 내내 스터디를 하러 출석 도장을 찍었다. 수업이 없는 날은 빈 강의실에서 하루 종일 발성 연습을 하고, 수업이 끝나면 스터디를 했다. 작은 것 하나 흠을 만들고 싶지 않아서 스터디원들의 프린트도 모두 내가 맡았고, 허드렛일도 내가 했다.

'열심히 하는 애'로 학원에서 금방 유명해졌고, 노력의 산물이었는지 금세 성과가 나타났다. 학원 내에서 치르는 시험에서 늘 우수한 성적을 받았고, 내 말에 있는 좋지 못한 버릇들도 잘 고쳐졌다. '너는 빨리 될 수 있을 거'라는 얘기를 주변에서 자주 들었다.

아카데미를 수료하고, 다시 학교로 돌아갔다. 졸업자나 졸업 예정자가 아니고서는 아나운서 신입 공채 원서를 쓸 수가 없던 까닭이었다. 4학년 1학기를 마친 후 다시 휴학을 했다. 새로운 아카데미에 등록해 그곳에서도 열심히 배우고, 스터디도 쉬지 않았다.

이제 졸업예정자 자격이 된 그때부터는 무수히 많은 곳에 원서를 넣었다. 방송사 규모를 가리지 않고, 아나운서를 뽑는다고 하면 무조건 넣었다. 하지만 연락이 오는 곳은 한 군데도 없었다. 키가 작아서인지, 어느 지역에도 연고가 없었기 때문인지 뭐가 문제인지 몰라도 모조리 서류 탈락이었다. 그러다 한 가지 이유를 알아챘다. 경력이 아무것도 없었던 것이다. 아무리 신입을 뽑는다고 해도, 아무런 경험 없는 신입은 경쟁력이 떨어졌다. 경력 딱 한 줄만 추가하면 좋을 텐데. 하지만 그 경력 한 줄 얻을 자리를 찾는 것도 쉬운 일이 아니었다.

드디어,
방송국 문을 열다

혹시 졸업 예정자라서 자꾸 탈락하나? 졸업을 하면 뽑힐 수 있을지도 몰라. 남은 한 학기를 마치기 위해 복학을 하기로 마음먹었다. 그즈음 스터디원 중에 춘천MBC 라디오 프로그램에 일주일에 한 번, 리포터로 출연하던 동생이 있었다. 그 친구는 지원했던 다른 방송국 공채에 합격했고, 나에게 뜻밖의 말을 건넸다.

"형, 라디오 해보고 싶다고 했잖아. 내가 하던 프로그램 후임으로 추천해줄 테니까 여기 해볼래?"

늘 열심히 하는 모습 때문이었는지 사람들 사이에서 내 평판이 괜찮았다. 그 친구도 나를 좋게 본 덕에 후임으로 나를 '꽂아준' 것이다. 경력 한 줄이 너무나 필요했던 나에게, DJ는 아니더라도 꿈에 그리던 라디오 프로그램은 놓칠 수 없는 기회였다. 집에서 춘천까지는 왕복

5시간, 방송은 딱 15분, 출연료는 3만 원. 중요하지 않았다. 그때 내 마음은 돈을 안 받아도 괜찮았다.

춘천MBC 〈음악동네〉라는 프로그램이었고, 인수인계나 견습 과정 없이 곧바로 방송에 투입돼야 했다. 그 길로 교수님께는 한 학기 더 휴학하겠다고 말씀드렸다.

내가 직접 쓴 원고로 진행된 첫 방송은, 지금까지 나의 9년 방송 생활을 통틀어 가장 재미있는 방송으로 남아있다. 라디오 부스에 들어와 있다는 황홀감에 취해 전혀 떨리지도 않았다. 첫 방송 후, 제작과 진행을 겸했던 DJ 이경미 선배가 내 어깨를 토닥였다.

"너, 방송으로 밥 먹고 살 수 있겠네."

이 길이 내 길이 아닐지도 모른다고, 확신이 흐려지려 하던 나에게 그 말 한마디는 엄청난 힘이 됐다. 집으로 돌아오는 2시간 반은 꽉 막힌 도로 위를 날아가는 것 같았다. 엄마는 춘천에서밖에 나오지 않는 내 방송을 듣기 위해 각종 인터넷 사이트를 검색해 본방사수하셨고, 친구들은 춘천시민인 척 라디오에 사연을 보내주기도 했다.

방송을 2회 하고, 라디오 경력을 추가해 여기저기 원서를 넣어봤다. 그 한 줄 때문인지 신기하게도 서류 통과가 되기 시작했다. 책임감이 커졌다. 그리고 혹시나 있을지 모를 춘천MBC 아나운서 채용에 대비한 막연한 큰 그림으로, 나만의 새로운 코너까지 만들며 의욕을 보였다.

라디오를 하면서 공채에 계속해서 지원했는데, 이제 최종면접까지 올라가는 곳도 생겼다. 면접에 입고 갈 정장을 사기 위해, 태어나 처음으로 친구에게 100만 원을 빌려보기도 했다. 하지만 마지막까지 나를 붙여준 곳은 아무 데도 없었다. 이유는 여러 가지였다. 너무 어려 보인다거나, 목소리 톤이 아쉽다거나, 원하는 이미지가 아니라거나. 아나운서 시험은 그래서 어렵다. 외모나 목소리, 카메라 테스트까지 모호한 판단 기준이 대부분 합격과 불합격을 가른다. 준비생들은 너무나 주관적인 그 기준에 치이고 지칠 수밖에 없다. 내가 어쩔 수 없는 이유들로 탈락하면서, 여전히 제대로 된 직장은 구하지 못하고 있었다.

조급한 나에게, 이번엔 친하게 지내던 여자 동기가 손을 내밀었다. 얼마 전 인천에 있는 지역방송국에 뽑혔는데, 남자 아나운서 자리에 나를 추천하고 싶다는 것이었다. 작은 지역방송사였지만 규모는 중요하지 않았고, 무조건 해야 했기에 지상파 공채를 위해 구매한 100만 원 짜리 정장을 입고 10만 원 짜리 헤어메이크업까지 받았다. 뉴스 리딩과 간단한 실무 면접이 진행됐고, 다음날 출근을 하라는 연락을 받았다. 정들었던 춘천MBC와도 3개월 만에 작별이었다.

첫 직장이 생겼다는 기쁨에, 최저임금 언저리에 있는 급여도 당연히 괜찮았다. 2주쯤 지나자 점점 안 보이던 것들이 눈에 들어오기 시작했다. 작은 방송국이다 보니 '일인다역'을 소화해야 했는데 원고를 쓰고, 헤드라인을 뽑고, 직접 편집 프로그램까지 만졌다. 오롯이 방송에만 신경 쓰기 어려웠고 당연히 다른 곳에 시험을 보러 갈 엄두도 못 냈다. 출근 시간은 이르고 가편집까지 마쳐야 퇴근할 수 있었으니 큰 방송국 시험을 준비할 시간이 없음이 점점 더 좌절스러웠다.

3개월쯤 다녔을 때, 울산 KBS에서 공고가 났다. 일반적으로 아나운서 지망생들 사이에서 지역 3사는 지상파 3사 다음으로 인기가 좋다. 여기는 놓친다면 정말 후회할 것 같았다. 몇백대 일의 경쟁률을 뚫고 1차 서류전형을 통과했다. 회사엔 적절한 거짓 핑계를 댔다. 한겨울에, 재킷이 구겨질까 고이 수트 케이스에 넣어 들고서 울산 가는 비행기에 올랐다. 일말의 부정도 타지 않게 만전을 기했다.

노력이 가상해서였을까, 1, 2차 카메라 테스트를 모두 통과했다. 남자 둘, 여자 둘이 올라가는 최종 4인에 들었고, 최종면접까지 무사히 마쳤다. 합격자석은 남녀 각 한 자리씩이었다.

가만히 기다릴 수가 없었다. 아는 인맥을 총동원해 최종면접 직전까지 내가 굉장히 좋은 성적을 내고 있다는 얘기를 전해 들었다. 하느님, 부처님 감사합니다, 드디어 내가 되는구나. 그런데 딱 한 가지 걸리는 게 있다면, 다른 남자 후보가 경남에 연고가 있다는 정보였다. 그건 지역 3사 지원자로선 엄청나게 큰 메리트였다. 지역방송사 시험에서 연고는 이기기 어렵다는 건 아나운서 지망생들 사이에서 공식과도 같았다.

아나나 다를까 공식은 깨지지 않았다. 사실 방송국 입장에서도 당연한 선택이다. 내가 만약 합격했더라도 어떻게든 다시 서울로 올라오려고 했을 것이다. 나보다 더 많이 기대하셨던 부모님은 애써 나를 위로하셨다. 네가 혼자 울산에서 어떻게 살겠냐며.

탈락하는 데 내성이 생겼는지 한숨 한번 내쉬니 괜찮은 것 같았다. 충격이 그리 크지 않은 줄 알았다. 하지만 다시 출근길에 오르면서 내 능력을 인정하지 못하고 만족할 줄도 모르는 나를 원망하기도 했다. 수능 때의 기억이 되살아나려고 했다.

본격,
중계 마이크 잡던 날

스물아홉이 됐고 아나운서 준비도 벌써 3년째에 접어들었다. 올해 안에 더 큰 방송국으로 가지 못하면 이 꿈은 포기하자고 마음먹었다. 마지막이라는 생각으로 지원한 곳은 스포츠 캐스터를 뽑는 스포티비였다. 처음부터 그때까지 나는 오직 뉴스 앵커나 라디오 DJ만을 꿈꿔왔다. '축구 덕후'였지만 일로서는 전혀 관심 없었던 내가 이 방송국에 원서를 넣은 건, 단지 스물아홉 안에 뭔가를 이뤄야 했기 때문이었다.

이력서, 자기소개서와 함께 5분짜리 중계 녹음 파일을 보내야 했다. 15년 넘게 축구를 봐왔고, 편집도 할 줄 알았던 나에겐 더할 나위 없이 좋은 기회였다. 지금까지 본 축구 경기 중 가장 극적이었던 장면을 골라, 가장 멋진 캐스터들의 멘트를 한데 섞어 녹음하고, 얼굴에 메이크업하듯이 음성 파일을 다듬었다. 서류 전형은 가뿐히 통과했고,

실무 면접도 무난하게 통과했다.

2013년 1월, 스포츠 캐스터로서 새로운 도전이 시작됐다.

나를 포함해 4명의 신입 캐스터가 뽑혔는데, 우리는 입사와 함께 지독한 경쟁 구도에 놓였다. 1년 동안 계약직으로 근무하면서 각자의 성과에 따라 재계약 여부가 갈린다고 했다. 첫해엔 K리그 챌린지(지금의 K리그 2) 현장 중계를 맡았고, 급여는 각자 중계를 하는 만큼 받을 수 있었다.

3월에 있을 개막전부터 시작이었다. 그 한 자리를 놓고 선배들 앞에서 테스트를 진행했다. 축구를 잘 아는 것과는 별개로, 새로운 환경에 적응이 오래 걸리는 나는 꼴등을 했다. 1등을 한 친구는 개막전에 들어갔고, 2, 3등을 한 형들도 차례로 데뷔했다. 나는 한 달 동안 교육만 받았고, 보수는 없었다.

엄습하는 위기감 속에서 나만의 공식을 만들었다. 'X가 Y에서 Z한다'가 바로 그것이었다. X는 선수, Y는 장소, Z는 행위. 이것들을 의미하는 표현은 정말 무궁무진했다. 기존의 중계들을 보며 선배들의 멘트를 각각 10개씩 받아 적었다. 그것만 조합해도 1,000개의 표현이 나온다. 줄줄 외웠다.

4월 초 다시 한번 테스트를 보고, 드디어 중계에 배정됐다. 당장 5일 뒤에 있을 고양 Hi FC의 홈경기였다. 잘하고 싶었다. 인터넷 검색과 구단 전화 찬스를 이용해가며 A4 30장짜리 자료를 만들었다. 전날 밤잠을 설쳤고, 중계 당일엔 경기 4시간 전에 현장에 도착했다. 멘트를 미친 듯이 외워서 무사히 오프닝 촬영을 마치고, 중계석에 앉았다.

4월 초의 현장은 바람이 꽤 많이 불고 중계석에는 부스가 따로 없다. 거짓말이면 좋았을 최악의 상황이 일어났다. 경기 시작 30초 만에, 30장의 원고가 한 장도 빠짐없이 날아간 것이다. 첫 중계에서 총알을 모두 잃은 내가 그 후로 어땠을지는 안 봐도 유튜브다. 무슨 말을 하는지도 모르는 채 89분 30초가 흘러갔다.

중계가 이렇게 어려운 일인지 몰랐다. 나보다 축구도 모르는 사람들이 중계한다며 소리를 끄고 경기를 보던 내가 중계석에 앉게 될 줄도 몰랐고, 이렇게 중계를 말아먹을 줄은 더더욱 몰랐다.

중계가 끝나자마자 선배에게 전화가 왔다. 자료가 날아갔다는 핑계는 먹히지 않았다. 주차장에 내려와 차에 탔지만, 허탈감에 손이 덜덜 떨려 운전대를 잡을 수 없었다. 2시간을 멍하니 앉아있다 집으로 돌아가는 길, 침착하게 생각했다. 운전을 배울 때도 전후좌우를 박아보고서야 차폭 감이 생겼던 것처럼, 중계에서 대형 사고를 치고 나니 가이드라인이 조금씩 그려졌다.

2주 후, 다시 한번 기회가 왔다. 30장에서 3장으로 원고를 대폭 줄였다. 내가 할 말들을 대본처럼 쭉 적은 뒤, 파블로프의 개처럼 반사적으로 튀어나올 때까지 외웠다. 그리하여 두 번째 중계는 큰 실수 없이 마무리됐다. 최소한 사고는 내지 않았으니, 그 이후로는 계속해서 중계에 들어갈 수 있었다.

매주 중계를 하면서도 자신은 없었다. 매번 선배의 지적을 받으면서 내 중계에 대한 확신을 갖지 못해 갈팡질팡했다. 그러던 와중 한 통의 전화를 받았다.

"너, 모레 K리그 클래식 중계에 들어가야겠다."

담당 캐스터에게 갑자기 사정이 생겼는데, 나 말곤 아무도 스케줄이 안 된다는 것이다. 빼도 박도 못 하는 상황이었다. 급하게 대본을 쓰고 달달 외워 K리그 클래식 중계 데뷔전에 나섰다.

"시청자 여러분 안녕하십니까, 2013시즌 현대오일뱅크 K리그 챌린지!"

'챌린지'가 아닌 '클래식'이 나와야 했다. 해설위원 이름도 틀렸다. 모두 황당한 표정으로 나를 쳐다봤지만, 나는 틀렸다는 것조차 모르고 있었다. 사태의 심각함을 깨닫기까지는 얼마 걸리지 않았다. 삐-, 머리가 멈췄고 그 이후는 기억에 없다.

망한 중계의 여파인지 나는 스트레스성 위경련으로 주저앉았고, 응급실에 실려 가는 비극을 맞았다.

참담했던 K리그 클래식 첫 중계 이후, 함께 입사한 경력직 형에게 SOS를 쳤다. 아무래도 나 중계를 너무 못하는 것 같다고. 주눅이 들어 있는 건지 무슨 말을 하려고 하면 자꾸 제동이 걸린다고. 듣고만 있던 형의 한마디가 나를 깨웠다.

"종윤아, 그냥 너 하고 싶은 대로 해. 그래야 네 중계지."

중계를 시작하고 두 달이 넘도록 내 맘에 드는 중계가 없었다. 항상 마음 졸이며 틀리지 않는 것에만 급급했던 나였다. 그만두는 한이 있어도 딱 한 번만 내 마음대로 해보고 싶었다.

바로 다음 중계에서 나는, 어떤 멘트도 외우지 않고 생각나는 말을 했다. 재밌었다, 속이 다 후련했다. 선배에게 전화가 왔다. 그런데 세상에나.

"오늘 좀 잘하던데? 진작에 그렇게 하지 그랬어."

이렇게 해야 했구나. 내가 편하지 않은 중계를, 듣는 사람이 편할 리 없다는 생각이 그제야 들었다. 그 일로 자신감을 찾았고, 선배들에게도 자주 칭찬이 들려왔다. 4명의 동기 중 꼴찌였던 내가 메인 경기를 맡게 됐고, 간혹 K리그 클래식도 배정받았다. 일사천리였다, 얼마 후 드디어 올 것이 왔다.

"박종윤, 너 챔피언스리그 준비해. 이제 해외 축구 들어간다."

실로 엄청난 기회였다. 어릴 적부터, 알람 맞추고 새벽에 일어나 눈 비비면서 보던 그 해외 축구를 직접 중계하다니, 30장? 3장도 필요 없었다. 온갖 데이터가 머릿속에 들어있었고, 그 데이터들이 잘 정리된 1장이면 충분했다. 챔피언스리그를 줄곧 맡아왔던 해설위원과 같이 배정돼 안정감도 생겼다.

스튜디오에는 커다란 크로마키 스크린이 있었고, 현장에서 쓰던 헤드셋 대신 인이어를 꼈다. 음향팀, 기술팀, CG팀이 정식으로 갖춰진 스튜디오에서, 내 앞에 메인 PD가 앉아있는 지금. 이건 내 쇼케이스었다.

D조 조별 예선, 바이에른 뮌헨과 빅토리아 플젠의 경기가 나의 첫 챔피언스리그 중계였다. 부담과 긴장은 저 멀리 던져둔 채, 물 만난 물고기처럼 신나게 중계했다. 5대0으로 벌어진 덕에 중계하기에도 편했다. 깔끔한 스코어만큼 내 중계도 그 어느 때보다 깔끔했다. 경기가 끝나고 나오니, 앞에서 보고 있던 선배가 "잘하네" 한 마디를 내뱉고 돌아갔다. 그 후, 챔피언스리그 조별 리그에는 고정적으로 배정됐다.

사실 그전까지 스포츠 캐스터를 단 한 번도 멋지다고 생각해본 적 없었다. 하지만 수많은 축구 팬에게 축구 경기를, 그것도 챔피언스리그를 직접 전달해 줄 수 있는 사람은 대한민국에 그리 많지 않다. 챔피언스리그 중계는 강한 자신감과 자부심을 심어주었다. 스포츠 캐스터는 어느 누구에게도 자리를 내어주지 않는, 가장 전문성 있는 파트라는 걸 깨달았다.

그해 말, 나는 한 명의 동기와 함께 정직원이 됐다. 새해부터는 현장이 아닌 회사로 출퇴근, 급여도 연봉제로 전환한다는 계약서까지 작성했다.

그동안
감사했습니다

     회사에 캐스터는 모두 5명이 됐는데, 나와 함께 들어온 동기가 금방 이직하는 바람에 결과적으로는 4명의 캐스터가 모든 중계를 맡았다. 한참 저변을 넓히고 있던 스포티비는 때마침 온갖 중계권을 수집하다시피 했고, 사이클, 세팍타크로 등 생소한 종목도 중계하게 됐다. 가장 비중이 컸던 축구는 K리그부터 챔피언스리그까지, 지방과 서울을 오가며 하루 동안 4경기를 쉬지 않고 하기도 했다.

    한국의 ESPN을 표방하면서 스포티비는 뉴스도 만들기 시작했다. 나는 남인천방송국에서 뉴스 제작의 모든 과정을 도맡아 했었으니, 가장 돋보였던 건 당연지사. 그 덕에 뉴스도 메인 기사를 도맡아 녹음하고 촬영했다.

    일을 많이 하는 것에 대한 스트레스는 없었다. 오히려 그렇게 일할 수 있음에 감사했다. '워라밸'이라는 단어는 나에겐 사치였다. 여전히 스무 살 무렵의 어두웠던 기억이 남아, 죽기 살기로 해야 지금의 자리를 겨우 유지할 수 있을 거란 생각 때문이었다. 그래서 더 잘하고 싶었고 누구보다 나를 만족시키고 싶었다. 내가 잘하는 만큼 나에게 많은 일이 돌아왔지만, 상관없었다.

문제는, 정당한 보수가 주어지지 않는다는 데 있었다. 당시 한 달에 받는 실수령액은 150만 원 근처. 밤낮이 바뀌고, 격무에 시달리는 것에 비해 턱없이 적은 보수였다. 200만 원만 받으면 그래도 만족스러울 것 같았다. 1년이 흘러 재계약을 하면서 연봉 인상을 요구했다. 하지만 회사 내규상 무리라는 대답이 돌아왔다. 의견 차이를 좁히지 못한 채 일단락됐다.

다시 연봉협상 테이블이 마련될 때까지 나는 소처럼 일했다. 모든 종목의 메인 경기 중계와 그 외의 방송들까지 쉬지 않았다. 체중은 54kg까지 떨어져 있었고, 자주 휘청거리고 눈이 흐릿해지기도 했다. 몸이 어딘가 이상해지고 있는 것 같았다.

현장 중계를 하고 온 날이었나, 복귀한 지 얼마 되지 않아 새벽에 열리는 유럽대항전 경기 중계석에 앉았다. 쏟아지는 잠을 정신력으로 버텨가며 중계를 하다 정말 깜-빡, 0.2초쯤 졸고 말았다.

"…○○○,"

옆에 있던 해설위원을 비롯해 부스에 있던 모두가 깜짝 놀랐다. 한국선수 이름을 부른 것이다. 나도 너무 당황스러웠다.

"아, 제가 K리그 중계를 하고 와서 잠시 헷갈린 것 같습니다."

수많은 중계를 한 덕에 대처는 좋았지만, 스스로 용납할 수 없었다. 한 번도 한 적 없는 실수였다.

얼마 뒤, 이런 말도 안 되는 일이 또 발생했다. 아스널의 챔피언스리그 경기였다. 아스널 선수들은 종아리만 봐도 누구인지 알 만큼 오랜 팬인 나에게, 아스널 중계는 누워서 떡 먹기였다. 여느 때처럼 가뿐하게 중계를 마치고 나왔는데, 축구 커뮤니티에 내 욕이 잔뜩 올라와 있었다. 내가 외질과 지루의 이름을 중계 내내 바꿔서 얘기했다는 것이었다. 외질과 지루는 체격부터 헤어스타일까지 닮은 부분이 없다. 도무지 헷갈리려야 헷갈릴 수 없는 두 선수의 이름을 바꿔 말했다는 건, 나에게 심각한 문제가 있다는 뜻이었다. 그리고 그 실수를 부스 안의 스태프들도 알아차리지 못했을 만큼, 모두 피곤이 극에 달해있었다.

두 번의 어이없는 실수를 하고 나니, 이대로 가다간 내 커리어와 내 건강에 적신호가 켜질지도 모르겠다는 생각이 들었다. 여기를 떠나야 할 것 같았다.

몇 달 전 일자리를 소개해줬던 형이 생각났다. 아나운서 지망생 시절부터 친하게 지내던 박기덕 캐스터였다. 형은 일전에 스포티비의 근무 환경을 안타까워하면서, 아프리카TV에서 하는 편파중계 캐스터 자리를 소개해줬었다. 고마웠지만, 이름만 들어봤던 그 개인 방송 플랫폼은 굉장히 부정적 이미지가 강했다. 그곳의 BJ들이 구설수에 오르는 것을 뉴스에서 수시로 접한 탓이었다. 발을 들이고 싶지 않던 나는 그 일을 거절했었다.

그러나 직장을 그만두려니 이제 물불 가릴 처지가 아니었다. 형은,

그 자리는 이제 없지만 본인이 아프리카TV에서 곧 하게 될 MLB 중계를 함께하자고 했고, 출연료도 주겠다고 했다. 은혜로운 형의 제안 덕분에 나는 곧바로 회사에 퇴사 의중을 밝힐 수 있었다. 회사는 날 붙잡으려 했지만, 이미 이곳의 기계 같은 생활에 회의를 느껴버린 나였다.

힘든 기억도 많지만, 냉정하게 돌아보면 나는 스포티비의 덕도 참 많이 봤다. 2년 반 동안 내가 그곳에서 한 중계는 다른 방송국과는 비교할 수 없는 양이었다. 많은 시행착오를 겪으며 한층 성장했다. 돈 주고도 살 수 없는 값진 경험이었다.

아프리카TV에서 하는 MLB 중계는 신세계였다. 물론 나쁜 의미로. 아무것도 모른 채 뛰어든 나에게 그곳은 이상했다. 일단, 다른 방송에서 중계하고 있는 영상에 내 목소리를 얹는 것부터 싫었다. 그건 상도덕이 아니었다. 그리고 내 옆에서 기덕이 형은 비속어를 섞어가며 중계를 했다. 원래 그런 형이 아니었다. 모든 게 이상하고 낯설었다. 그러다 내 중계가 좋다며 100원짜리 별풍선 하나가 날아왔다. 형이 '고맙습니다' 한마디만 하라고 하는데 입이 떨어지지 않고, 손이 움직이지 않았다. 누군가 위에서 나를 누르고 있는 것 같았다. 저 100원 한 장에 내가 왜 인사를 해야 되나, 나 챔피언스리그 중계하던 캐스터인데. 굴욕적인 순간이었다.

중계가 끝나고, 밥을 먹고 가라는 기덕이 형의 권유에 일정이 있다는 핑계를 대고 도망치듯 나왔다. 밥이 넘어갈 것 같지 않았다. 차에 앉아 한 시간 동안 고민에 빠졌다.

'못 하겠다고 얘기할까? 이건 내가 할 수 있는 방송이 아닌 것 같은데. 지금이라도 다른 일을 준비해볼까?'

하지만 이젠 먹을 만큼 먹은 나이인 데다 나를 끌고 나와 준 기덕이 형에게 못 한다는 말 또한 죽어도 할 수 없었다. 아직 정식 캐스터이고 싶은 나와, 돈벌이가 필요했던 나 사이에 괴리감은 점점 커졌다. 겉으로는 빨리 적응한 듯 보였을 테지만, 속으로는 꽤 오랫동안 힘이 들었다. 잘못된 길에 발을 들인 것 같다는 후회가 밀려왔다. 메이저 방송사에 들어가 본 적도 없이, 영영 그 기회가 사라졌다는 절망감마저 들었다. 때때로 호흡 곤란과 불면증에 시달리며 심리적으로 불안한 시기를 보내고 있었다.

마지못해 아프리카TV 중계를 계속하던 중, 기덕이 형이 이번엔 축구 방송을 하자는 거다.

"너 이주헌 해설위원 알지? 축구 중계하러 그 형 집에 가는데 같이 갈래? 아스널 경기인데."

주식회사 랩추종윤 ▸ 박종윤

Chapter 3

축구 전문
BJ 적응기

우리가 아프리카TV에서 본격적으로 중계를 하면서,

방송 제목에 '재미와 전문성'이라는 문구를 달았다.

각자의 장점을 살리면 두 마리 토끼를 모두 잡을 수 있었다.

이렇게 달랐던 우리였기에 무사히 시작할 수 있었고

점점 성장해나갈 수 있었다.

혼자가 어렵다면
환상의 짝꿍을 찾아라

스포티비에서 메인 해설을 맡던 그 이주헌 해설위원? 그리고 내가 따르는 기덕이 형과 함께, 그것도 내가 좋아하는 아스널 경기. 바로 오케이였다.

뭘 준비해가면 되는지 물었더니 기덕이 형은 아무것도 필요 없다고 했다. 몸만 오면 된다고. 내가 아무리 아스널 전문가라도, 아무리 인터넷 중계라도 어떻게 몸만 가나 싶었다. 그래도 엊그제까지 방송하던 정식 캐스터인데. A4용지 한 장에 경기 자료를 정리해 갔다.

기덕이 형은 방송하러 오라며 주헌이 형네 집 주소를 알려줬다. 집에서 방송을 한다는 말에 의아해하며 찾아갔는데, 현관문을 열어주는 건 초면인 형수였다. 민망했다. 어릴 적부터 민폐가 될까 봐 친한 친구네 집에 가는 것도 불편해하던 나였다. 다른 사람 집에 일을 하러 간다는 게, 게다가 신혼집에 가는 게 편치는 않았다. 스포티비를 나와서 오랜만에 만난 이주헌 해설위원은 밤톨 같은 까까머리를 하고 있었다.

나는 기덕이에게 데리고 오는 사람이 누구인지 물어보지도 않았다. 뭐 대단한 사람 데리고 오는 것도 아닐 테고, 여자 아나운서가 온다고 해도 별 관심이 없는 판에 남자라면 더더욱. 친동생이 아나운서이기도 하고, 나도 수년간 방송 출연을 해온 터라 방송에 나오고 싶어 하는 친구들이 생각보다 많다는 것을 알고 있었다. 이 친구도 그중 하나겠거니 하는 마음에 큰 궁금증 없이 그냥 '축구 좋아하는 후배 하나 데리고 오나 보다' 생각하고 있었다.

그런데 문을 열고 들어오는 종윤이를 딱 보자마자, 스포티비에 있던 그 친구인 것이 기억났다. "아, 어어 종윤이 알지~." 오랜만에 어색한 인사를 나눴다. 더 이상 안부를 묻거나 하진 않았다. 3번의 술자리가 다인, 여전히 데면데면한 관계였으니까. 난 그때까진 종윤이가 축구를 그렇게 좋아하는지 몰랐다.

여기가 부스라면서 방문을 열었는데, 3평 남짓 되는 작은 방 안에 컴퓨터를 포함한 온갖 방송 용품들이 쌓여있었다. 성인 남자 3명이 들어가기엔 턱없이 비좁았고, 똑바로 걸어 들어가는 것조차 불가능했다(지금 그때 영상을 다시 봐도, 엉거주춤 불편하게 자리로 들어가 앉는 것을 확인할 수 있다). 그리고 그 좁은 방 안은 지저분하기까지 했다. 좁아서 지저분한 건지, 지저분해서 좁은 건지 분간이 안 됐다. 형의 말로는 정리가 안 된 것뿐이었다고 하지만.

어색한 환경 속에서, 주헌이 형의 새로운 모습은 낯설었다. 스포티비에서 나와 같이 중계하던 메인 해설위원의 모습은 온데간데없었다. 내가 그렇게 힘들어했던 별풍선 리액션, "고맙습니다" 인사는 식은 죽 먹기였고, 더 나아가 방송 중에 일어나서 아무렇지 않게 춤까지 췄다. 거친 말도 예사롭게 오갔다. 기덕이 형과 MLB 방송을 하면서 그래도 개인 방송에 적응이 됐다고 생각했는데, 내 오산이었다. 이 어수선한 분위기에 한술 더 뜬 건, 방송을 하면서 먹고 있는 족발이었다. 방송 3시간 전부터는 물을 제외하곤 아무것도 먹지 않는 게 내 철칙이다. 생방송 중 눈앞에 족발이 있는 광경이라니, 여긴 어디고 난 누구인가.

그런데 매도 빨리 맞는 것이 낫다고 첫 방송이 극약처방이 됐는지, 며칠 뒤 EPL 시즌 최종전을 위해 두 번째 방송을 하러 갔을 땐 한결 마음이 편안했다. 형들의 거친 말도 받아칠 수 있었고, 조금씩 입이 트이는 느낌이었다. 아마 그건 생존을 위한 적응이었을지도 모르겠다.

 나는 자유로운 아프리카TV 스타일에 맞춰 실제 방송 중계에서보다 힘을 빼고 편안하게 중계를 하고 있었다. 그때 종윤이는 아직 캐스터 티를 하나도 벗지 못했다. 처음 중계한 날도 무슨 종이 한 장을 들고 오는 걸 보고, "TV 중계도 아닌데 이런 것도 준비해오네?"라고 내가 말했다. 명확한 역할이 따로 필요 없었지만, 종윤이는 준비해온 자료를 가지고 캐스터의 자리에 앉았고, 많이 민망해했다.

두 번째 방송 때는 종윤이도 처음보다 익숙해졌는지, 방송을 곧잘 했다. 나와 호흡을 맞추는 것도 훨씬 익숙해진 듯했다.

그렇게 2번의 방송을 하고 나니, 느낌이 왔다. 종윤이가 나랑 잘 맞을 것 같았다. 기덕이는 깔끔하고 담백한 소고기뭇국 같았다면, 종윤이는 청국장 같은 스타일이었달까. 축구 선수 출신인 내가 당황스러울 만큼 축구를 깊이 잘 알고 있었고, 입이 트이면 꽤 재밌게 말을 할 줄 아는 친구였다.

'축구 덕후'에 말도 잘하는 스포츠 캐스터 출신. 이 친구와 함께라면 이 작은 부스에서 묵직한 무언가를 만들어낼 수 있을 것 같았다. 종윤이를 얼른 잡아야 했다.

두 경기를 하고 EPL 시즌이 끝났다. 이제 이 부스에 올 일은 없을 것 같았다. 그런데 며칠 뒤 주헌이 형에게 연락이 왔다. 내 연락처도 몰랐던 형은 아마도 기덕이 형에게 연락처를 물어봤던 모양이다. 기덕이 형은 EPL 시즌이 끝나면서 그만하게 됐으니, 프리 시즌동안 아프리카TV에서 중계하는 경기들과, 계획하고 있는 축구 팟캐스트까지 같이 해보자는 것이었다. 마땅한 일이 없었던 나는 형의 제안을 흔쾌히 받아들였다. 그때 나는 다시 그 길고 긴 아나운서 시험을 치르기도, 혹은 다른 일을 시작하기에도 지쳐있었다.

2015년 프리 시즌, 분데스리가 DFB 포칼부터 FIFA 여자 월드컵, 국가대표 친선 경기, 코파아메리카까지. 그렇게 우리만의 방송국은 긴 항해의 닻을 올렸다.

전문 해설위원과 캐스터의 조합이라 해도 처음부터 자리를 잡는 건 쉽지 않았다. 초반엔 고전하다가 신선한 케미에 사람들이 하나둘씩 관심을 가져준 덕분에 점차 스포츠 카테고리 내에서 주목을 끌기 시작했다.

하루는 주헌이 형이 아프리카TV의 꽃은 술을 먹으면서 하는 '술방'이라면서 우리도 술방을 한번 하자고 했다. 그 좁은 방에 소주와 맥주를 들고 와서 중계방송을 시작했다.

사실 말이 술방이지, 술을 깔아놓고 홀짝거리면서 방송을 할 뿐 거나하게 취할 정도로 마시는 경우는 그리 많지 않다. 분위기를 내기 위한 도구로 활용하는 정도다. 그런데 그날 우리는 방송이 너무 재미있었다. 우리가 이렇게 만난 것도 신기했고, 방송을 켜고 술을 먹는 것도 왠지 신이 났고, 사람들의 반응도 좋았다. 기분이 좋아 잔뜩 마셔버린 우리는 전, 후반을 나눠 사이좋게 한 사람씩 심하게 취했다. 결과적으로 그 방송은 대박이 났다. 4천 명이 넘게 우리 방송을 본 것이다.

기쁨에 취해있던 다음날, 아프리카TV에서 전화가 왔다. 우리가 취기에 욕을 너무 많이 했다며 방송 다시보기를 내려달라는 것이었다. 다시 확인해보니 사고는 없었지만, 우리가 봐도 적잖이 거칠었다. 그리하여 지금은 볼 수 없는 방송이 됐지만, 그 방송의 뜨거웠던 반응 덕분에 아프리카TV에도 우리의 인상이 강렬하게 박혔다. 엄청 웃긴데 또 축구는 잘 아는, 조금 이상한 사람들이 방송한다고. 그 후 아프리카TV에서 주최하는 경기 공식 중계나 행사를 맡아 하면서 인지도를 쌓아갔다.

우리 둘의 조합이 환상적이었던 건, 완전히 반대인 성향 덕분이었다. 축구를 사랑하고 잘 안다는 기본만 같으면 됐다. 형은, 무슨 일이든 일단 저지르고 보는 스타일이다. 군 시절 인터넷 중계를 시작한 것도, 드림잡에 지원한 것도, 회사를 나와 신혼집에 부스를 차린 것도. 후회를 남기면 안 된다는 게 인생의 신조인 사람처럼 진취적이다. 해 보고 아니면 말더라도, 하고 싶은 일이 있으면 일단 직진한다.

반대로 나는 절대 먼저 행동하는 스타일이 아니다. 특히 새로운 무언가를 시작할 때 신중하고 조심스럽고, 걱정이 앞선다. 어린 시절부터 충동적인 것과는 거리가 멀기도 했지만 4수 시절, 그 큰 실패를 겪은 이후 이런 성향은 더 짙어졌다. 만약 나 혼자였다면 절대 개인 방송에 뛰어들 생각조차 하지 못했을 것이다.

먼저 형이 부스를 만들고 모든 기계적인 부분을 책임졌다. 컴퓨터는 뭐가 좋은지, 마이크는 어떤 걸 써야 하는지, 프로그램은 어떻게 작동하는지 직접 발로 뛰고 몸으로 부딪치면서 알아보고 준비했다. 다른 BJ들과 함께 방송할 기회가 생기면 그들은 어떻게 방송을 하는지 귀동냥으로 정보를 얻어오기도 했다.

이렇게 형이 일을 벌여 놓으면 뒷정리를 하고 완성도를 높이는 게 내 몫이었다. 형이 방송에 최적화된 환경을 준비할 동안 나는 콘텐츠를 준비하고 방송을 잘 만들면 됐다. 만약 형이 방송 준비에 너무 힘을 쏟아 정작 방송 중엔 조금 지치더라도, 그 부족함까지 내가 메울 수 있도록 대비했다. 형의 몫까지 열심히 준비하고 최선을 다해 우리의 시청자들을 만나는 게 내 역할이었다.

또 한 가지는, 우리는 서로의 취약한 부분을 메워줄 수 있는 사이였다는 점. 주헌이 형은 평소엔 낯가림이 심하지만, 카메라만 켜지면 연예인 버금가는 끼를 발산한다. 아직 개인 방송이 낯설었던 나는 형만큼 카메라 앞에서 신나게 놀지 못했다. 대신 나는 기억력이 좋았고, 형은 그 부분이 취약했다. 중계에서 정보나 스탯을 정확히 전달하는 부분은 내가 담당했다.

우리가 아프리카TV에서 본격적으로 중계를 하면서, 방송 제목에 '재미와 전문성'이라는 문구를 달았다. 각자의 장점을 살리면 두 마리 토끼를 모두 잡을 수 있었다. 이렇게 달랐던 우리였기에 무사히 시작할 수 있었고 점점 성장해 나갈 수 있었다.

혹자는 혼자 하는 방송이 더 좋다고 말할 수도 있다. 지금 인기 있는 많은 크리에이터만 봐도 둘 이상이 함께하기보다 혼자서 방송하는 사람이 월등히 많다. 하지만 혼자 할 여력이 안 되거나 혼자 하기에는 부족하다고 느끼거나 혹은 너무 잘 맞는 친구가 있다면 때로는 누군가와 함께했을 때 상상하지 못한 시너지가 생겨날 수도 있다. 옛말에 틀린 말 정말 없다. 백지장도 맞들면 낫다는 말이 괜히 있는 게 아니다. 그래서 우리는 지금도 항상 얘기한다. 우리는 둘이 같이 있어야 성공한다고.

선정적? 폭력적?
생각보다 감성적인
플랫폼입니다만

처음에 주헌이 형이 그랬고, 나도 그랬듯이, 아프리카TV라고 하면 '선정적이고 폭력적이다'라는 부정적인 인식이 지배적이다. 아니라고 대답한다면 그건 거짓말이다. 앞에서도 언급했듯이 아프리카TV BJ들의 사건, 사고는 끊이지 않고 뉴스에 오르내린다. BJ들은 시청자들을 현혹하기 위해 노출이 심한 복장을 한다거나 거칠고 자극적인 언행을 하는 경우도 많다. 특정 인물이나 집단을 비하하거나 상식 밖의 행동으로 아프리카TV의 제재를 받는 일도 제법 있는데, 몇 년 전보다 꽤 나아졌다 할지라도 좋지 않은 인식이 완전히 사라진 것은 아니다.

주헌이 형은 빨리 적응했지만, 새로운 곳에서 자리 잡는 데 시간이 걸리는 나는 꽤 긴 적응 기간을 가졌다. 서서히 아프리카TV에 익숙해지면서 선입견을 벗고, 새로운 부분을 보게 됐다.

'누구든 BJ가 되어 참여자와 소통할 수 있는 1인 미디어'. 아프리카TV를 한 줄로 소개하는 말이다. 기존의 인식을 걷어내고 다시 접근해 보면 아프리카TV는 '소통 방송'이다. BJ와 시청자 간의 소통을 기반으로, 여러 가지 콘텐츠를 선보이는 아프리카TV의 주력 콘텐츠는 '보이는 라디오'다. 말 그대로 라디오 성향이 굉장히 강하다. 라디오 세대인 우리가, 특히나 FM 라디오에 푹 빠져 살았던 내가 이 플랫폼에 잘 적응할 수 있었던 이유다.

라디오라는 매체를 떠올려보자. 한 명, 내지는 두 명의 DJ는 일정 시간 동안 수많은 청취자와 함께하며 실시간으로 말을 건넨다. 그 때문에 청취자는 DJ와 함께인 느낌, 쉴 새 없이 수다를 떠는 기분으로 시간을 보낼 수 있다.

우리가 보통 라디오를 들을 때는, 여러 사람이 한데 모여 있는 공간이 아닌 혼자만의 독립된 공간에서 듣는 경우가 많다(옛날엔 버스 기사님이 틀어주시는 라디오를 듣기도 했지만). 공부하면서 이어폰으로, 운전 중인 차 안에서, 잠들기 전 침대에 누워서 혼자 라디오를 듣다 보면 DJ와 일대일로 대화하는 나를 발견하기도 한다.

그렇게 라디오를 듣다가 사연을 보내본 적, 한 번쯤은 있을 것이다. 수많은 청취자 사이에서 내 이름이 불리고, 내 사연이 읽히는 것을 상상하면서. 그 상상이 현실이 됐을 때의 희열은 라디오 세대라면 누구나 공감할 것이다. 이처럼 콘텐츠 생산자와 소비자가 가장 긴밀한 관계를 유지하는 공간 중 하나가 바로 라디오다.

이런 이유에서 예전부터 라디오 프로그램에서 DJ를 교체할 때는 대개 반발이 일었다. 라디오 하면 가장 쉽게 떠올리는 〈별이 빛나는 밤에〉처럼 역사가 깊은 유명 프로그램일수록 더욱 심했다. 〈별이 빛나는 밤에〉의 대표 DJ, 11년간 마이크를 잡았던 이문세는 당시 '밤의 교육부 장관'이라고 불릴 정도로 특히 학생들 사이에서 폭발적인 인기를 끌었다. 마지막 방송에서는 전화 연결이 된 한 여고생 팬이 눈물을 흘릴 정도였으니, DJ와 청취자의 친밀감이 어느 정도였을지 짐작이 간다. 배턴을 이어받았던 가수 이적은 당시 그 자리를 물려받으면서 상당히 부담스러워했다고 한다.

영상으로 볼 수 있다는 점만 제외하면, 아프리카TV도 라디오와 매우 닮아있다. 내가 좋아하는 영상 제작자가 내 이름을 불러주고, 내 이야기를 들으면서 나와 수다를 떤다. 이 '감성적인 플랫폼' 안에서는 그게 가능하다.

처음에 아프리카TV에 적응하지 못했을 때는 별풍선 후원에 리액션을 해야 하는 것에 거부감이 있었지만, 역설적으로 나중에는 그 부분에서 내 강점이 드러났다.

"OO님 왔네요. 고맙습니다. 어서 들어와요."

아프리카TV는 내 좋은 기억력을 십분 발휘하기 아주 적합한 플랫폼이었다. 게다가 나는 기본적으로 뭔가를 외우려고 하는 습관이 있다. 처음 우리가 방송을 시작했을 때, 들어오는 시청자는 5백 명 안팎이었다. 적지도 않지만 그렇다고 많지도 않은 이 시청자들의 닉네임을 나는 거의 다 외웠다. 일부러 외우려 하지 않아도 몇 시간 동안 보다 보면 절로 눈에 들어왔다.

군대에 있을 때, 128명 중대원의 기수와 이름을 다음날까지 전부 외워야 한다는 지시(?)를 받은 적이 있다. 이걸 무슨 수로 외우나, 외우지 못하는 게 어쩌면 당연하다. 나도 자신이 없었다. 그런데 나보다 먼저 한 동기가 이름을 다 외우지 못해 군모로 맞는 모습을 눈앞에서 봤다. 나는 초인적인 암기력을 발휘해 단 4시간 만에 다 외워냈다. 그리고 신입캐스터 시절 'X가 Y에서 Z한다'는, 내가 만든 1,000가지의 공식을 달달 외우기도 했었다.

사회에 나와 생존을 위해 완숙의 경지에 오른 암기력으로, 나는 '보이는 라디오'에서 활약했다. 눈에 띄는 닉네임을 알아보고 불러주자 시청자들의 반응이 좋았다. 그러면서 우리가 라디오를 듣던 시절이 떠올랐다. DJ가 나를 언급해주면 얼마나 기분이 좋았는지. 그때부터는 암기력에 눈썰미를 더해 닉네임을 기억했다. 한번 본 닉네임은 잘 잊어버리지 않았다. 닉네임도 닉네임이지만, 옆에 있는 아이디를 외워 시청자들을 기억하니 닉네임을 바꿔도 누가 누군지 알 수 있었다.

아스널 커뮤니티인 하이버리 운영자를 했던 경험도 도움이 됐다. 수사 과정에서 필적 대조를 통해 진위를 가리는 것처럼, 인터넷상에서는 어투와 문체로 어느 정도 사람을 구별할 수 있다. 하이버리에선 2개의 아이디로 활동을 하는 사람들, 이른바 멀티 아이디들이 있었는데, 그건 규정 위반이었다. 자주 쓰는 말투나 띄어쓰기, 어미 등을 보면 두 아이디가 같은 사람이라는 걸 알아볼 수 있었다. 다년간 웹사이트 활동을 하면서 익힌 기술은 지금도 남아, 아프리카TV에서도 채팅에 쓰는 말투로 어떤 사람인지 단번에 알아봤다. "어, ○○○님. 닉네임 바꿨네요?"라는 한 마디로 친근함을 보여주고, "○○○님, 오늘도 오셨네요"라고 인사를 건네고, "○○○님, 며칠 전에 생일이었다면서요?"라며 했던 얘기를 기억해주며 우리 방송의 식구라는 느낌이 들게 했다.

'축구'라는 명확한 콘텐츠를 가지고 있는 우리는 시청 층이 비교적 뚜렷하다. 10~30대 축구를 좋아하는 남성. 축구를 좋아해서 인터넷 중계를 보는 사람은 대부분 커뮤니티 활동도 활발히 한다. '감성적'으로 다가간 우리 방송은 커뮤니티를 통해 차츰차츰 알려졌다. 이 방송은 재밌고 전문성도 있지만, 내 이름과 했던 얘기까지 다 기억한다고. 고정 시청자들은 물론 호기심에 입소문을 타고 온 사람들까지 우리 방송에 스며들었다.

개인 방송을 처음 시작하는 사람들은 시청자를 늘리기에 급급한 경향이 있다. 일반적인 방법으로는 시청자가 빠르게 늘지 않기 때문에, 결국엔 시청자들을 끌어모으기 위한 자극적이고 선정적인 방송으로 이어진다. 하지만 반드시 기억해야 할 것은, 늘리기보다 꽉 쥐고 놓지 않는 것이다. 우리 방송에 한 번 두 번 들어오기 시작한 사람들이 '어 여기 재밌네? 그런데 내가 왔던 걸 기억해주네? 여기 좋다, 앞으로도 계속 들어와야겠다'라고 생각하고 눌러앉게 하는 데에, 친근하게 다가가는 모습은 정말 중요하다. 여기에 주헌이 형의 나이를 잊은 리액션이 더해져 흥미를 유발하고, 시청자들을 붙잡을 수 있었다.

생방송이 가능하다는 것,
뉴미디어 시장에서
살아남을 수 있다는 것

"생방송으로 진행되고 있습니다."

TV를 보다보면 이런 멘트를 종종 들을 수 있다. 특유의 현장감과 생동감으로 시청자들에게도 녹화 방송과는 다른 재미를 전해주는 것이 바로 생방송이다.

이제 생방송은 TV보다 인터넷 방송에서 더 주요한 콘텐츠가 됐다. 지금 개인 방송은 그야말로 '라이브 방송의 시대'라고 해도 과언이 아니다. 언제 어디서나 휴대폰만 있다면 라이브로 방송을 송출할 수 있고, TV와는 달리 내 방송을 보는 불특정 다수의 사람들과도 만날 수 있다. TV에서만 볼 수 있던 연예인들도 팬과의 자유로운 소통을 위해 라이브 방송에서 그동안 보여주지 못한 다양한 모습을 보여준다. 코로나 19로 '언택트 문화'가 확산되면서 라이브 방송은 소비 시장에도 진출했다. 직접 만져보고 입어보고 사용해보며 실시간 소통으로 궁금증을 해결해주는 라이브 커머스 방송까지 생겨난 것이다. 이렇듯 장르를 가리지 않고 기하급수적으로 늘어나고 있는 라이브 방송, 뉴미디어 시장에서 더 이상 선택이 아닌 필수라는 반증이다.

그렇다고 아무런 준비 없이 라이브 방송을 하라는 것은 아니다. 나만의 콘텐츠를 선보이면서 동시에 사람들과 이야기도 할 수 있어야 하고, 사람들의 반응도 놓쳐서는 안 된다. 쉽지 않다, 우리는 수백 번이 넘는 생중계 경험이 있는 스포츠 방송인 출신이지만, 그런 우리에게도 라이브 방송은 쉽지 않다.

일단 라이브 방송은 시각적인 면에서 완성도가 부족하다. 필요 없는 내용을 걷어낸 편집본만큼 깔끔하지도 않고, 시간이 길어지면 자칫 지루해지기도 한다. 자막이나 CG 등 아무런 영상 효과 없는 '날 것 그대로의 영상'이니 보는 재미도 떨어진다.

무엇보다 위험하다. 방송 도중 어떤 예상치 못한 돌발 상황이 발생할지 모른다. 베테랑 방송인들도 생방송을 앞두고 긴장하는 이유가 바로 그 때문이다. 그중에서도 가장 경계해야하는 것은 바로 말. 한번 뱉은 말은 절대로 주워 담을 수 없다는 인생의 진리를 몸소 경험할 수 있는 곳이 바로 라이브 방송이다. 잇단 말실수로 큰 화를 겪은 BJ들을 지금껏 여럿 본 적 있을 것이다. 자칫 잘못 뱉은 말 한마디는 그대로 되돌아오는 치명적인 화살이 되기도 한다.

그럼에도 많은 크리에이터가 오늘도 라이브 방송을 한다. 먹방, 쿡방, 게임, 뷰티, V-LOG 등 무수히 많은 카메라가 동시에 돌아가고 있다. 그 이유는 이런 불안 요소들을 뛰어넘는 라이브 방송만의 매력이 무궁무진하기 때문이다.

우선 라이브 방송의 가장 큰 매력은 쌍방향 소통이다. 서로의 안부를 묻는 것에서 시작해 말 한 마디, 행동 하나하나에 대한 반응을 즉각적으로 확인할 수 있다. 사소하게는 오늘 모자를 쓸지 말지, 옷은 무슨 색을 입을지까지도. 또 내가 방송을 잘 하고 있는지 피드백도 실시간으로 받아볼 수 있다. 라이브 방송 시청자들은 불편한 점에 관한 발언과 더 나은 방송을 위한 조언에도 거침이 없다.

우리의 메인 콘텐츠인 축구는 그 특성상 라이브 방송을 하기에 아주 딱 맞는 옷과도 같다. 축구를 포함한 스포츠 경기를 보다 보면 어떤 상황이나 또는 특정 선수에 대해 의문이 들 때가 꽤 많이 있다. 그럴 때마다 중계진이 가려운 곳을 쏙쏙 긁어주는 맞춤형 해설을 해준다면? 이보다 좋을 순 없다. 그리고 그런 해설은 대중의 찬사를 받는다. 그 말은, 시청자 한 명 한 명의 궁금증을 전부 헤아릴 수 있는 해설은 많지 않다는 것이다. 일방적으로 이루어지는 TV 중계를 하다보면, 그리고 정신없이 흘러가는 경기 중에는 시청자가 무엇을 궁금해하고, 어떤 정보를 필요로 하는지 매 순간 알아차리기가 쉽지 않기 때문이다.

그런 의미로 쌍방향 소통이 가능한 라이브 방송은 스포츠 중계에서 더 큰 이점이 있다. 시청자는 마치 옆에 있는 축구 전문가에게 사소한 것까지 물어보듯 BJ와 소통할 수 있다. 실시간으로 질문할 수 있고, 답변까지 끊김없이 이루어진다. 또한 경기 중계를 보면서 함께 응원을 하거나 비판을 하는 등 시시각각 이야기를 나눌 수도 있다.

우리를 있는 그대로 보여줘야 하는 라이브 방송에선 솔직함이 생명이다. 진솔하고 진정성 있는 모습, 꾸미지 않는 말과 행동에 시청자들은 친근함을 느끼고 더 편안하게 다가온다. BJ로서는 신뢰도를 높일 수 있고, 시청자들은 그에 상응하는 충성도를 보여준다.

단적인 예로, 개인 방송 시장에서 대표적 콘텐츠인 먹방을 보자. 많은 양의 음식을 먹는 대부분의 먹방 크리에이터에겐 이른바 먹뱉(먹고 뱉는 행위) 논란이 따라다닌다. 수많은 먹방 크리에이터들이 있지만, 편집 과정 없이 라이브 방송을 하는 크리에이터들은 그런 논란에서 자유로울 수 있다. 시청자들이 방송의 전 과정을 함께 지켜보기 때문이다.

플랫폼마다 채널마다 시청자의 성향이 다르다. '그 BJ에 그 시청자'라는 얘기까지 있을 정도로 개인 방송을 하는 사람들과 맞는 성향의 사람들이 그 방송을 본다. 맛있는 음식을 리뷰하는 크리에이터의 방송은 음식을 좋아하는 사람들이 볼 것이고, 게임을 주로 다루는 크리에이터의 방송은 게임을 즐기는 사람들이 볼 것이다. 우리 방송 역시 웃음과 축구를 동시에 원하는 재미있는 시청자들이 주를 이룬다. 그러다 보니, 우리와 유머 코드가 비슷한 시청자들이 채팅방에 글을 올리고, 거기에서 생각지도 못한 웃음 포인트를 발견하기도 한다. 나와 비슷한 사람에 대한 호감으로부터 생겨나는 뜻하지 않은 후원은 덤이다.

이렇게 좋은 라이브 방송 영상을 아프리카TV에서는 BJ가 그대로 다운로드받을 수 있다. 받은 영상을 가지고 그대로 혹은 입맛에 맞게 재가공해서 다른 플랫폼에 업로드하면 한 번의 방송으로 여러 번의 효과를 낼 수 있다. 대개 여러 가지 플랫폼을 이용하는 크리에이터들은 이런 시스템을 이용하면 매우 편리하다.

우리는 보통 경기가 있을 때 아프리카TV에서 생중계를 하고, 경기가 끝나면 약간의 편집 과정을 거친 중계 영상을 다른 플랫폼에 업로드한다. TV 저작권을 가진 본 중계사에서 가장 빠르게 경기 하이라이트를 올려주지만, 우리는 라이브 방송 영상을 가지고 그만큼 빠르게 업로드하기 때문에 하이라이트를 기다리는 팬들을 1차적으로 흡수할 수 있다. 그래서 우리 방송은 다른 개인 방송이 아니라 본 중계사와 경쟁한다는 우스갯소리까지 나온다. 이 때문에, 스피드가 생명인 뉴미디어 시장에서 편리함을 제공하는 라이브 방송은 포기할 수 없는 서비스다. 시간과 노력을 절약할 수 있다는 점에서 무시할 수 없는 장점을 갖는다.

이런 여러 이유들로 라이브 방송을 하는 것과 하지 않는 것은 뉴미디어 시장에서 살아남는 데 있어서 천지차이다. 무리하게 욕심 부리지 않고 선만 잘 지킨다면 비교적 안전하게 라이브 방송을 할 수 있다.

하지만 매일 열심히 라이브 방송을 해도 봐주는 사람이 없다면 지치기도 하고 좌절감에 빠질 수도 있다. 그러다 사람들을 끌어오기 위해 자극적인 콘텐츠를 생산하며 자기도 모르는 새 개인 방송의 부정적 인식에 한 방울 기여하게 될 수도 있다.

기다림에 지칠 땐, 목표치를 두길 권장한다. 보통 라이브 방송을 할 때 지속적으로 1,000명 이상의 시청자를 불러 모을 수 있다면 뉴미디어 시장에서 살아남을 수 있는 크리에이터라고들 얘기한다. 라이브 방송에서 1,000명은 크리에이터로서 성공 가능성의 기준이 되는, 의미 있는 숫자다.

Chapter 4

막다른 길에서 팟캐스트의 문을 두드리다

"딸깍, 이 방송은 과도한 욕설과 19금 멘트가 난무하니
노약자, 임산부, 청소년은 청취를 지양해주시기 바랍니다."

5년이 지난 지금까지 그대로 사용하고 있는
이 경고 멘트는 이제 우리의 아이덴티티가 됐다.
미흡했던 기술 탓에 시작 부분 '딸깍' 소리가
그대로 들어가 있고, 멘트 뒤로는
치이이- 하는 잡음도 섞여 있다.
그렇게 거슬리던 그 잡음들마저도 지금은
'이토록 오래된, 나름 역사가 깊은 방송'이라는
우리의 자부심이 됐다.

시사/정치/코미디를 제외하면
먹히지 않는 독특한 생태계

팟캐스트에 완벽히 축구만을 표방하는 방송은 없었다. 우리가 나타나기 전까지는.

2011년, 그 시절 팟캐스트는 몰라도 〈나는 꼼수다〉를 모르는 사람은 없었다. 〈나는 꼼수다〉는 2년 가까이 국내외 팟캐스트 시장을 주름잡았다.

정치라는 민감한 주제를 가지고, 4명의 출연자가 기존 미디어에선 볼 수 없던 길들지 않은 화법으로 거침없이 정치 풍자를 쏟아냈다. 이 매력적인 프로그램은 남녀노소 할 것 없이 천만 명에 이르는 청취자를 끌어당기며 국내 팟캐스트 시장을 크게 성장시켰고, 전 세계 팟캐스트 순위에서도 1위에 오르는 기염을 토했다.

'나꼼수 신드롬'에 힘입어, 팟캐스트엔 비슷한 정치 · 시사 프로그램이 우후죽순처럼 생겨났다. 팟캐스트는 개인 방송이지만 언론의 역할을 하는 미디어로 여겨지며 점차 대안 언론의 성격을 띠게 됐다. 시사, 정치, 그리고 풍자를 기반으로 한 코미디 프로그램을 제외하면 다른 주제의 방송은 사람들의 이목을 끌기 힘들었다.

주변에선 〈나는 꼼수다〉를 안 들어봤다는 사람이 없을 정도였고, 그 바람은 나에게도 불어왔다. 정치에 큰 관심을 두지 않았던 나는 별 기대 없이 〈나는 꼼수다〉를 들어보기 시작했다. 정치를 지루하게만 여기던 내가 듣기에도 너무 재미있었다. 딱딱하고 복잡한 정치 얘기가 이렇게 쉽고 흥미롭게 풀릴 수 있다는 건 가히 혁명적이었다. 두 번째 들었을 땐, 나도 하고 싶다는 생각이 들었다. 내가 누구보다 자신 있는 축구 이야기를, 축구를 잘 모르는 사람들이 들어도 지루하지 않게 이야기해줄 수 있다면 좋을 텐데. 마음만 가지고 혼자 시작하기엔 무리가 있었다. 내가 아는 사람 중 가장 유명한 축구인이었던 서형욱 해설위원에게 술을 먹을 때마다 졸랐다.

"형, 우리 축구로 팟캐스트 한 번 해보자."

아는 사람보다 모르는 사람이 더 많았던 팟캐스트는, 이제 더 이상 무시 못 할 매체 영향력을 과시하고 있었다. 수많은 사람이 팟캐스트 시장에 뛰어들었고, 마침 형욱이 형도 생각을 하고 있던 참이었다. 우리 둘의 추진력은 그동안 없던 축구 팟캐스트를 탄생시켰다. 2012년 9월, 형욱이 형의 이름을 건 방송이 시작됐다. 이름하여 〈주간 서형욱〉.

아무런 준비 없이 시작한 터라 아는 성우 학원의 녹음실을 잠시 빌려 첫 회를 녹음했다. 첫 방송은 0회 차 이른바 '체험판'이었다. 형욱이 형은 본인이 '가장 아끼는 축구계의 젊은 피'라고 나를 소개했고, 나를 향한 청취자의 반응은 아주 뜨거웠다. 다만, 스포티비에서 해설을 시작한 지 몇 달 되지 않았던 때라 내 이름을 잘 모르는 사람도 있었다. 이주원, 이주현 등 청취자들은 내 이름을 잘못 부르기도 했지만 아무렴, 다 관심이었으니 이름 좀 틀린들 어떠랴.

뜨거운 사랑을 등에 업고 본격 첫 방송에도 출연했다. 그렇게 당연히 내가 고정인 줄 알았는데, 여러 가지 시도를 해보고 싶었던 형욱이 형은 2회에는 나 대신 다른 게스트를 불렀다. 다행스럽게도(?) 2회는 재미가 없었고, 형욱이 형은 3회에 다시 나를 찾았다. 청취자들은 열렬히 나를 반겨줬다.

'이주헌 기다렸어요.'
'이주헌 왜 이렇게 웃기냐.'
'이주헌 얘기가 왜 이렇게 많아?'
'우와, 이주헌 스타 다 됐다. 이스타네, 이스타.'

그 댓글 이후, 사람들도 형욱이 형도 나를 '이스타'라고 부르기 시작했다. 내 닉네임이자 이제는 내 대명사가 된 이스타가 여기에서 탄생했다.

좋아하는 형욱이 형과 함께 방송을 한다는 자체가 좋았고, 편하게 이야기를 나눌 수 있는 환경도 좋았다. TV에서는 다 보여주지 못한 내 끼를 펼칠 수 있는 즐거운 공간이었다.

〈주간 서형욱〉은 팟캐스트 스포츠 분야에선 독보적으로 1위를 달렸다. 하지만 전체 순위로 눈을 돌리면 우리의 이름은 보이지 않았다. 20위 안에는 여전히 시사와 정치, 코미디 프로그램만이 자리하고 있었다. 사람들은 스포츠 이야기를 팟캐스트에서 듣고 싶어 하지 않았다.

사실 〈주간 서형욱〉은 완전한 축구 방송이 아니었다. 스포츠 카테고리에 있었지만 오히려 축구 방송이 아닌 방송을 지향했다. 매주 축구 이야기를 하지만 그 비중은 30% 정도였고, 가십과 연예 그리고 팟캐스트 주력 콘텐츠였던 시사까지 골고루 다루는 마치 '종합 토크 세트' 같았다. 그래서 다양한 분야의 게스트도 이 방송에서 함께했다. 축구 기자부터 아나운서, 연예인, 시사 전문가까지. 그렇게 해야 팟캐스트에서 살아남을 수 있었다.

2년 반이라는 긴 시간 동안 팟캐스트라는 매체에서 내 이름을 알리고 즐겁게 떠들었지만, 해소되지 않는 갈증이 있었다. 나는 축구의 비중이 훨씬 많은 축구 전문 방송을 만들고 싶었다. 시즌, 비시즌을 가리지 않고 1년 내내 축구 이야기가 끊이지 않는, 내가 원하는 방향대로 내가 주도하는 팟캐스트에 대한 미련이 사라지지 않았다.

나와 합을 맞춰 줄 제대로 된 축구 '덕후'가 필요했다. 주변 인맥을 아무리 찾아봐도 마땅한 사람이 떠오르지 않았다. 시작할 엄두조차 내지 못하고 있던 그즈음, 종윤이를 만났다. 아프리카TV에서 중계를 2번 함께한 종윤이는 쉽게 잊힐 캐릭터가 아니었다.

2014-2015 시즌 프리미어리그가 끝나고, '팟캐스트'와 '박종윤' 두 단어가 내 머릿속에서 연결된 순간 스파크가 튀었다. 종윤이의 연락처를 물어 전화를 걸었다. 우리 동네 치킨집으로 종윤이를 불러 냈다.

"할 얘기도 있고 하니까, 맥주나 한잔하자."

기덕이 없이 단둘이 만나는 건 처음이었다. 너 중계 재밌게 잘하더라, 아프리카TV에서 프리 시즌 경기 중계를 같이하자는 말로 서두를 열었다.

"사실은 내가, 축구 팟캐스트를 해보려고 하는데 같이 해볼래?"

"아 좋죠, 저 하고 싶어요."

"그런데 지금 출연료를 전혀 줄 수 없어, 그래도 할래?"

"괜찮아요. 해요, 형."

어어, 이게 아닌데. 내가 2년 반 동안 해본 팟캐스트는 결코 쉬운 일이 아니었다. 광고가 아니고서야 거의 수익을 내기 어려운 구조인데, 광고는 뭐 아무나 붙나. 〈주간 서형욱〉처럼 호스트가 유명인이거나, 영향력 있는 정치·시사 방송이 아니고서는 광고가 들어오길 기대할 수 없었다. 게다가 매주 방송을 해야 하고, 한번 녹음에 들어가면 3시간 정도는 쉬지 않고 말을 해야 했다.

당황한 나를 앞에 두고 종윤이는 술에 취해 잠이 들었다. 내가 원래 이런 사람이 아닌데, 손수 대리운전을 불러 종윤이를 집에 보냈다. 종윤이에게 조금 더 생각해볼 시간을 줘야 했다.

 그때만 해도 팟캐스트에 관해 아는 게 전혀 없었다. 〈나는 꼼수다〉나 몇 가지 어학 팟캐스트 외엔 무슨 방송이 있는지조차 몰랐다. 그저 축구 얘기를 한다는 것에 대한 자신감이 있었고, 자유로운 분위기의 방송 플랫폼이라는 게 매력적이었다. 그리고 시시껄렁한 사람이 아닌 스포티비 메인 해설위원 출신 주헌이 형과 축구 방송을 하는 것도 좋았다. 출연료를 받지 못한다는 것이 걸리긴 했지만, 그 당시엔 일단 내 활동 반경을 넓히는 게 중요했다. 다니던 방송국을 덜컥 나와 백수가 되어버린 나는, 그리고 과하게 신중한 나로서는 어디서든 방송 활동을 이어갈 수 있는 기회가 더 필요했다.

며칠 후 종윤이를 다시 불렀다. 돈 정말 못 준다고 다시 강조했다.

"형, 진짜 한다니까요. 돈 안 받아도 한다구요."

종윤이는 같은 대답을 반복하고는 또 술에 취해서 잠이 들었다. 생각은 해본 건가, 힘은 잔뜩 들고 돈벌이는 안 되는 게 얼마나 힘든데 얘가 이렇게 쉽게 한다고 하나. 실제로 그런 이유 때문에 새로 생겼다가 소리소문없이 사라지는 팟캐스트가 많았다. 종윤이가 막상 시작해보니 힘들다며 중간에 그만둘까 봐 염려가 됐다. 미안함과 고마운 마음을 담아 또 한 번 대리운전을 불러 종윤이를 보냈다.

세 번째로 종윤이를 불러냈다. 오늘까지도 OK 하면 진짜 시작하자고 다짐했다. 종윤이에게 오늘은 절대 자면 안 된다고 신신당부를 했다.

"종윤아, 팟캐스트 쉬운 일 아니야. 진짜 할 수 있겠어?"

"형, 몇 번을 얘기해요. 저 진짜 할 수 있어요."

내 삼고초려에 종윤이는 삼 번 모두, 삼 초도 고려하지 않았다. 이 정도면 되겠다는 믿음이 생겼다.

사실 종윤이를 3번이나 불러내 물어봤던 건, 그 일을 핑계로 술 한 잔 기울이며 이런저런 이야기를 나누는 시간이 좋아서였다. 종윤이는 인맥이 그리 넓지 않은 내가 오랜만에 만난 말이 정말 잘 통하는 친구였다.

마음의 결정을 내렸으니, 이제 형욱이 형을 찾아가야 했다. 내가 고정 패널로 출연하던 〈주간 서형욱〉과 비슷한 축구 방송을 새로 만든다고 먼저 말씀드리는 게 도리라고 생각했다. 형욱이 형에게 점심을 먹자고 했다. 술은 많이 먹었어도 점심 제안은 처음이었으니 형도 무슨 일인가 싶은 눈치였다.

"형, 제가 축구 팟캐스트를 새로 하나 해보려고 합니다."

"어 그래? 근데 왜?"

"형한테 먼저 말씀드려야 할 것 같아서요."

"괜찮아, 네가 하고 싶으면 하는 거지 뭐."

형욱이 형과의 대화는 내 고민이 무색할 만큼 싱겁게 끝났다. 그것으로 비공식적인 방송 허가는 받은 것이나 다름없었다. 이제 팟캐스트에서 자리 잡을 수 있는 축구 방송을 만들어내는 건 전적으로 내 몫이었다.

Lee
And
Park

장비도, 제목도 없어도 괜찮아!
시작이 반이다

　　그때 나는 가끔 들어오는 축구 중계 외엔 남는 시간이 많았다. 뭔가 생산적인 일을 해야 했다. '나만의 축구 방송'을 런칭하기에 시기적으로도 딱이었다. 당장의 수익을 기대하긴 힘들겠지만, 꾸준히 하다 보면 광고가 붙는 것으로 성과를 확인할 수 있을 것이고, 그러다 메이저 방송사에서 축구 전문가로 우리를 불러줄 수도 있으리라 생각했다. 말도 안 되는 꿈이었지만, 박종윤이라는 천군만마를 얻었으니 아주 막연한 희망 같지만은 않았다.

　　첫 방송 예정일은 2015-2016 시즌 프리미어리그 개막에 맞춰 놓고, 거의 맨땅에 헤딩하는 격으로 팟캐스트를 준비했다. 가진 건 작은 부스, 그리고 아프리카TV에서 지원해준 컴퓨터 1대뿐이었다. 지금보다 인지도가 낮았던 아프리카TV는 스포츠 분야의 저변을 넓히려고 나 같은 기존 해설위원이나 캐스터 출신의 전문가 BJ를 영입하면서 지속적인 중계에 필요한 컴퓨터를 제공해줬다. 그 컴퓨터는 사양이 그리 좋지 않았지만, 우리가 가진 유일한 장비였다. 오디오 방송인만큼 최소한의 음향 장비가 더 필요했다.

〈주간 서형욱〉을 녹음했던 성우학원을 찾아가 어떤 마이크를 썼고 어떻게 방송을 내보냈는지 살폈다. 좋은 음질을 위해선 역시 좋은 마이크가 필요했다. 마이크 가격은 몇만 원에서 수백만 원까지 천차만별이었고, 비싼 게 좋은 거라는 불변의 공식은 물론 알고 있었지만, 한 달 수입 200만 원이 채 되지 않았던 내가 무슨 수로 몇백만 원짜리 마이크를 구하겠는가. 이미 부스에 투자한 돈만 마이너스 천만 원이었는데.

그리하여 서울에서 음향 장비를 살 수 있다는 곳을 모두 돌며 발품을 팔았다. 태어나서 처음으로 낙원상가에도 가봤다. 조그만 가게들이 다닥다닥 붙어있는, 음향 장비들이 즐비한 그곳에서 가게마다 들어가 쪼그리고 앉아 마이크를 하나하나 살펴보았다.

"마이크 테스트 아아, 안녕하세요, 안녕하세요."

상가에 내 목소리가 쩌렁쩌렁 울리기를 몇 시간. 아무리 돈이 없어도 소리만 겨우 나오는 2, 3만 원짜리 마이크를 살 수는 없었다. 방송용 마이크는 무리였지만, 노래방에서 쓰는 다이내믹 마이크 중 가장 좋은 물건을 일단 골랐다.

혹시나 해서 평화로운 중고 사이트도 샅샅이 뒤졌다. 내가 찜했던 모델과 똑같은 마이크를 2만 원 더 저렴한 가격에 판매하는 글을 발견하고 유레카! 소리를 질렀다. 일산의 한 주차장에서 만나 마이크를 꼼꼼히 살펴본 후 생애 첫 중고 직거래를 했다.

　겨우 필요한 장비를 모두 준비했더니, 이번엔 설치가 문제였다. 나름 수년간 인터넷 방송을 경험했지만 사실 난 컴맹에 기계치다. (야 너두 할 수 있어)늘 몸으로 부딪쳐왔듯이 이번에도 직접 해보는 수밖에 없었다. 선을 꽂았다가 뺐다가, 다른 방법으로도 꽂아봤다가, 소리가 나지 않아서 다시 뺐다가. 기계를 설치해본 경험이 있다면 알겠지만, 설명서가 하라는 대로 했는데도 실행이 되지 않을 때 그 황망함은 이루 말할 수 없다. 이도 저도 안 돼서 모든 걸 처음 상태로 되돌리고 A4용지에 도안을 그려봤다. 시험공부하는 공대생처럼 나만이 알아볼 수 있는 설계도를 몇 장이나 그렸는지 모른다.

이때뿐 아니라 형은, 이후에도 몇 년 동안 팟캐스트 녹음과 아프리카TV 방송에 필요한 모든 장비를 직접 담당했다. 한 번은 아프리카TV 중계를 하는 날, 모든 준비를 마친 채 경기가 시작하기를 기다리고 있었다. 형이 후다닥 들어와서 준비된 장비들을 살피더니, 화질을 바꾸고 싶다면서 이것저것 만지기 시작했다. 손을 대면 댈수록 오히려 뭔가 더 이상해지는 것이다, 경기가 5분도 안 남았는데. 장비를 전혀 만질 줄 몰랐던 나는 손톱을 깨물며 가만히 보고 있을 수밖에 없었다. 1분이 1초 같았다. 혼자서 분투하던 형은 경기를 1분 남겨 놓고 '됐다!' 하면서 겨우 중계 준비를 마쳤다. 중계에 들어가고 20분 정도를 형은 의자에 몸을 누인 채 넋이 나가 있었다.

　내가 방송에 필요한 장비를 설치하는 동안, 종윤이는 첫 방송을 준비했다. 첫 방송에서 무슨 내용을 다루면 좋을까 얘기하다가, 종윤이가 이적설을 주제로 하자고 했다. 개막을 앞두고 프리 시즌의 이적 상황을 정리해주는 방송이 첫 회엔 딱이라면서. 내가 꽂힌 종윤이의 모습이 바로 이런 부분이었다. 종윤이는 축구를 정말 잘 아는, 내공이 심상치 않은 친구였다.

　실제 방송 중계에서는 캐스터에게 정제되고 제한된 역할이 요구된다. 선수들의 움직임, 공의 움직임 등 경기 진행 상황을 보다 정확하게 전달하는 것이 캐스터의 가장 중요한 임무이고, 의견이나 경기 외 정보를 너무 많이 말하는 것은 해설위원의 영역을 침범하는 꼴이 될 수 있다. 하지만 개인 방송에서는 각자의 역할을 명확하게 구분 지을 필요가 없기 때문에 오히려 막강한 정보력은 너무나 매력적인 방송 재료다. 알고 있는 모든 내용과 방송에서는 할 수 없는 얘기까지 풀어내도 상관없다. 그래서 종윤이가 준비하는 프리 시즌 이적시장 정리도 기대가 됐다.

　첫 방송을 녹음하기 전, 마지막으로 해야 할 일이 있었다. 그때 팟캐스트에서는 방송 전 경고 멘트를 넣는 게 유행처럼 번졌다. 특히 우리처럼 정제되지 않고 거친 방송에서는 더더욱. 그래서 우리도 했다. 마침 집에 있던 아내에게 장난스럽게 말을 꺼내 봤더니, 흔쾌히 받아주었다. 우리 아내가 발음이 좋고 목소리가 예쁜 편이다.

"딸깍, 이 방송은 과도한 욕설과 19금 멘트가 난무하니 노약자, 임산부, 청소년은 청취를 지양해주시기 바랍니다."

5년이 지난 지금까지 그대로 사용하고 있는 이 경고 멘트는 이제 우리의 아이덴티티가 됐다. 할 수 있는 최선의 방법으로 가장 깨끗하게 녹음한 것이었지만, 미흡했던 기술 탓에 시작 부분 '딸깍' 소리가 그대로 들어가 있고, 멘트 뒤로는 치이이- 하는 잡음도 섞여 있다. 그렇게 거슬리던 그 잡음들마저도 지금은 '이토록 오래된, 나름 역사가 깊은 방송'이라는 우리의 자부심이 됐다.

시그널 음악도 심혈을 기울여 골랐다. 형편이 넉넉지 않았던 우리는 무료 음원 사이트를 파헤쳤는데, 기분 탓인지 무료라고 하니 괜히 다 별로였다. 돈 조금 들더라도 좋은 음악을 찾자 싶은 마음에 유료 사이트에 들어갔더니 몇 배는 많은 음원이 있었다. 지금의 오프닝 음악을 재생하자마자 딱 느낌이 왔다.

그 음악을 듣고 형이 표현하기를, "약간 꼬롬~한 게 우리 이미지랑 딱 맞다"라고 했다. '꼬롬하다'는 구릿하다, 꿍꿍이가 있다 등의 뜻으로 쓰이는 경상도 방언이라고 한다. 밝고 신나면서도 그 안에 뭔가 숨겨져 있는 듯한, 영화 《킬빌》의 OST 같기도 하고, 《핑크 팬더》 주제곡과도 비슷한 느낌이었다. 마음에 쏙 들어 결제를 하려고 보니 해외 사이트. 신용카드 한 장도 없던 형은 바로 부스 문을 열고 나가 형수님께 카드를 빌려왔다. 무려 4천 원짜리 오프닝 음악이었다.

이제 정말 모든 준비를 마쳤다. 그런데 아뿔싸, 제목이 없었다. 가장 중요한 프로그램 이름도 정하지 않은 채 첫 녹음을 시작했다.

"네 여러분 안녕하세요, 팟캐스트 이주헌,"

"팟캐스트 박종윤입니다."

2015년 8월 7일, 이주헌, 박종윤의 축구 팟캐스트 0회 - 〈이름을 지어주세요〉가 시작됐다.

둘째가라면 서러운 축구 덕후들, 축구 수다로 날개를 펼치다

첫 방송은 3시간 넘게 녹음했다. 우리 소개와 이 방송을 하게 된 이유를 주절주절 풀어냈다. 이어서 아스널 이야기가 주를 이룬 2015-2016 시즌 해외 축구 이적 시장 이야기도 전했다. 종윤이는 국내와 해외의 기사들을 야무지게 긁어모아 어디서도 들을 수 없었던 소식들을 가져왔고, 나는 그 옆에서 신나게 조미료를 쳤다. 좀 더 맵고 짜고 달게. 첫 녹음을 하고 바로 느낌이 왔다. 이건 되겠다. 이건 세상에 없던 방송이었다. 축구에 관심 있는 사람들이라면 이 방송을 안 듣고는 못 배길 거라는 자신감이 생겼다.

팟캐스트를 녹음하는 모습은 그대로 아프리카TV를 켜서 라이브 방송으로 내보냈다. 그리고 녹음이 끝나면 스포티비에서 함께 일했던 김근호 PD가 편집을 도와주었다. 거친 욕에는 삐- 처리를 하고, 우리의 이야기를 더 맛깔나게 살려줄 효과음도 넣어 완성본을 팟캐스트에 업로드했다.

내 느낌이 맞았다. 청취자들은 진짜 재미있고, 정말 웃기고, 이런 방송은 처음이라며 환호해주었다. 소위 대박이 난 건 아니었지만, 시작부터 그 정도의 호응이라면 우리는 더할 나위 없었다. 의욕이 샘솟기 시작했다.

'이름을 지어주세요'라는 우리의 요구에 사람들은 응답해줬다. 하지만 마음에 쏙 드는 이름은 없었고, 우리도 참신한 이름이 떠오르지 않았다. 이럴 때 가장 쉽고 효과 좋은 방법이 패러디 아닌가. 예능 프로그램 제목에 축구를 섞어보기 시작했다. 무한축구, 축구도전, 축구세끼, 세끼축구, 축구 1박~2일! 아, 아무래도 이상한데, 그때 〈히든싱어〉가 생각났다.

"종윤아, 히든싱어 어때? 그럼 우리는, 히든풋볼?"

"딱 좋다, 형!"

'무제'로 시작했던 우리의 방송은 비로소 '히든풋볼'이라는 멋들어진 옷을 입게 됐다.

특별한 이유 없이 지은 이름이지만, 〈히든풋볼〉의 '히든'이라는 단어는 우리 방송의 콘셉트와도 아귀가 딱 맞아떨어졌다. 이적 시장에서 흘러나오는 설(說)이나 현지에서 나오는 잡다한 가십 등 축구계의 뒷이야기들을 전하는 것이 다른 방송과 차별화된 우리만의 특징이었으니까. 그렇게 끼워 맞추다 보니, 〈히든풋볼〉의

뜻이 뭐냐고 묻는다면 숨겨진 축구 이야기를 전하는 프로그램이
라고 말할 수 있게 됐다.

첫 방송이 나가고 일주일 뒤, 프리미어리그 개막에 맞춰 〈히든풋
볼〉 1회를 녹음했다.

"네 안녕하십니까, 〈히든풋볼〉의 이주헌입니다."

"안녕하십니까, 박종윤입니다."

"드디어 정식 버전! 〈히든풋볼〉 1회 시간입니다."

1회 제목은 '재밌는 프리미어리그 1라운드 리뷰'라고, 내가 직접
지었다. 너무나도 직설적인 제목이 마음에 안 들었던지, 다음 회차 부
터는 종윤이가 제목을 쓰기 시작했다. 마음먹고 쓰면 나도 잘 쓸 수 있
었지만, 내용만 재미있으면 된다고 생각했다. 종윤이는 제목으로 먼
저 주목하게 만들어야 한다고 생각했고, 그 판단이 옳았다.

1회 녹음한 분량은 절반씩 끊어 1-1, 1-2 이렇게 나누어 업로드했
다. 순위를 올리기 위함이었다. 당시에 우리보다 몇 달 앞서 시작한 야
구 전문 팟캐스트가 있었는데, 스포츠 카테고리에서는 그 방송이 가
장 인기가 있었다. 콘텐츠가 좋기도 했지만, 매일 하는 야구 경기에 맞
춰 업로드 횟수가 많았다. 아무래도 노출이 잦아지면 순위가 올라갈
확률도 높아지는 듯했다. 하지만 주말에 경기가 몰려있는 축구 특성
상, 우리는 매일 녹음을 할 순 없었다. 방송이 너무 재미있는데 1위를
못하는 것에 안달이 났던 종윤이는 자주 업로드하기 위한 새로운 방

법을 강구해냈다, '호외'였다.

바로 이 호외가 사람들에게 많은 관심을 받았다. 호외는 경기 외적으로 리그에 터진 이슈 거리를 주제로 만든 방송이었다. 갑작스럽게 터진 이적설이나 감독이 경질됐다거나 어떤 선수에게 혹은 팀에 무슨 일이 생기면 우리는 틀림없이 나타났다. 보통의 축구 방송에서는 일주일에 1번 있는 방송 날짜까지 기다려야 들을 수 있는 소식을 우리는 그때그때 호외로 올렸다. 잠깐이라도 모여 녹음을 하고 곧바로 업로드를 했다. 순간적으로 사람들의 관심이 집중되는, 그 반짝하는 타이밍을 노렸다. 이 전략은 많은 축구 팬에게 우리를 어필할 수 있었고, 우리 방송의 조회 수와 다운로드 수도 폭발적으로 올라갔다.

인기 있었던 호외는 '손흥민 토트넘 이적 직전', '로저스 감독 경질', '클롭 감독 리버풀 부임', '벤제마 비디오 협박 사건' 등이었다. 열에 아홉은 종윤이의 선택이었다. 종윤이는 사람들이 뭘 좋아하는지 척척 파악해냈다. 선수 출신인 나는 축구 팬의 시선에서 축구를 보는 눈이 약하다. 대형 선수의 이적에도, 감독이 바뀌는 것에도 둔감한 편이다. 반면, 종윤이는 작은 소식까지 놓치지 않고 제대로 포착해냈다.

나는 스포츠 캐스터였지만, 키보드 워리어 출신이자 축구 커뮤니티 운영자 출신이기도 하다. 축구 팬의 입장에서 20년간 살아왔던 나는 팬들이 좋아하는 소식을 누구보다 잘 알아차릴 수 있다. 하이버리에서 활발히 활동하던 무렵, 하루에 10개가 넘는 번역 글을 올렸다. RSS 서비스를 활용해 해외 여러 사이트에 올라오는 뉴스들을 실시간으로 받아본 덕분에 내 글은 빠르고 정확했다. BBC, 데일리 뉴스, 더 선 등 해외 여러 유명 언론들을 구독하면서 신뢰도 높은 언론사와 기사를 구별할 수도 있었다.

기존의 전문가들이 언급만 하고 지나가는 가십거리 중에도 분명 사람들이 좋아할 만한 소재가 많았다. 그러면 우리는 그 이슈를 더 깊고 자세히 2시간 특집으로 만들어 방송했다. 커뮤니티에서나 다뤄지던 내용을 축구 전문가들이 유쾌하게 재생산해내니, 우리 방송에 사람들의 관심이 모였다.

종윤이가 주워오는 듣도 보도 못한 소식들은 꼭 그 옛날 우리가 주워 학용품과 바꾸던 불온선전물, '삐라' 같았다. 그래서 아예 '삐라'라는 코너를 만들어서 종윤이에게 맡겼다.

갖가지 이슈를 그저 많이 전달만 한 것이 아니라, 이야기를 풀어가는 방식도 여타 방송과는 달랐다. 토크로만 쏟아내지 않고 말도 안 되는 연기를 선보이며 상황극도 했고, 역할극도 했다. TV 예능에 개그맨들이 나와서 하는 것처럼 말이다.

한번은, 내가 아직 〈주간 서형욱〉과 〈히든풋볼〉을 병행하던 때 일어난 일이다. 내가 〈주간 서형욱〉에 나가서 "그래도 아직 나한테는 주간 서형욱이 중요하다"라고 말을 했었다. 그건 나를 이스타로 만들어준 방송이거니와, '야간 이주헌'이라는 단독 코너도 갖고 있던 것에 대한 예의였달까. 진담 반 농담 반으로 재미 삼아 한 얘기에 듣고 있던 종윤이가 기분이 상했다. 참고로 종윤이는 자기가 좋아하는 사람에 대한 애정이 강하고 질투가 어마어마하다. 곧바로 종윤이는 나 몰래 새로운 코너를 기획했다.

 형이 우리가 만드는 방송을 다른 방송에 나가 이야기하는 게 처음엔 서운했다. 그런데 듣다 보니 이걸 우리 방송에 가져다 얘기하면 재미있는 스토리가 나올 것 같았다. 주헌이 형한테는 아무런 언질도 주지 않고, 다음 회차에 '이스타 청문회'라는 새로운 코너를 만들었다. 〈주간 서형욱〉 몇 회에서 몇 시 몇 분에 그 멘트를 했는지 조목조목 따져 물었다. 그리고 내 친구 김근호 PD는 그 멘트를 제 부분에 딱딱 맞춰 넣었다. 압권은 주헌이 형이었다. 타고난 연예인 기질을 발휘하며 일절 당황한 기색 없이, 마치 진짜 청문회에 나온 후보자처럼 맞받아쳤다. 그 방송은 히트를 쳤고, 사람들은 주헌이 형을 방송 천재라고 부르기 시작했다. 얼마 후, 서형욱 해설위원은 같이 방송을 하자며 〈주간 서형욱〉에 우리 〈히든풋볼〉을 특별게스트로 불러주기도 했다.

우리 둘의 케미스트리는 '핫'했다. 축구 커뮤니티에서 우리 방송은 '해설위원과 캐스터의 조합', '드림잡 우승자와 하이버리 운영자의 조합'으로 입소문을 타기 시작했다. 나도 여기저기서 우리 방송 한 번만 들어보라고 홍보를 멈추지 않았다.

팟캐스트로 벌어들이는 수입은 여전히 0이었다. 간간이 MBC스포츠플러스에서 들어오는 중계료나 아프리카TV에서 받는 소정의 스포츠 지원금과 시청자들의 후원금이 수입의 전부였다. 그래도 좋았다. 마음이 맞는 파트너와 재밌는 방송을 하면서 팟캐스트에서 인지도도 순위도 쭉쭉 올라가고 있었다.

축구 불모지에서 독보적인
입지를 다지기까지

팟캐스트에서 이제껏 없었던, 신선하고 센세이셔널했던 우리 방송은 스포츠 카테고리에서 높은 순위에 올랐다. 재생 횟수도 1,000에서 3,000, 5,000, 점점 상승세를 타며 3위권을 벗어나지 않고 쭉 머물렀다. 그렇게 승승장구하던 우리는 2달 만에 스포츠 부문 1위로 올라섰다. 그리고 단 한 번도 그 자리를 내주지 않았다.

1위에 오르고 우리는 팟캐스트에 더욱 올인했다. 특히 1위의 맛을 본 종윤이는 좀처럼 일을 쉬지 않고 우리 집에 밥 먹듯이 드나들었다. 정규 회차는 주 1회 녹음이 원칙이었는데, 그 한 회 방송을 위해서 종윤이는 일주일을 쏟아부었다. 더 재밌게, 더 새롭게 만들기 위해 각종 자료와 방송을 참고하며 수차례 시나리오를 짰다 지웠다 했다.

사실 나는 무료 방송이었기에 가끔은 의무감이 덜 들기도 했다. 갑자기 외부 스케줄이 많이 잡히거나 유난히 피곤한 날에는 한 회 정도 녹음을 쉬고 싶기도 했지만, 종윤이는 어김없었다. 소파에 누워 종윤이를 맞이한 것도 수차례다.

초반엔 종윤이가 초인종을 누르면 문을 열어주었다. 녹음이 잦아지고 늦은 시간에 오는 날도 많아지면서 종윤이는 내심 미안했던지 집 앞에서 나에게 전화를 걸었다. 얼마 후, 나와 아내는 종윤이와 비밀번호를 공유했다. 우리 집에 오는 걸 늘 불편해하던 종윤이가 조금이나마 편하게 느끼길 바랐다. 그 후로는 내가 외출해 있어도 혼자 우리집에 와서 녹음을 하고, 그러다 장모님과도 인사를 트고 지냈다.

매사에 의욕이 넘치는 종윤이와 방송을 하면 할수록, 무료 콘텐츠라는 이유로 조금이나마 가볍게 여겼던 내 생각이 바뀌어갔다. 사람들의 관심을 많이 받을수록 책임감이라는 이름의 무게를 잊으면 안된다는 걸 종윤이는 늘 일깨워주었다.

 1위가 하고 싶었다. 정량적인 평가를 좋아하는 나는 1위를 해야 성취감을 온전히 느꼈다. 아나운서 시험에서, 방송을 하면서 받았던 애매한 평가는 싫었다. 조회 수, 다운로드 수 등으로 눈에 확실히 보이는 그 수치를 받고 싶었다. 내가 생각한 방법은 자주 하고, 길게 하는 것이었다. 형을 닦달해서 수시로 녹음하러 갔다.

하지만 여전히 남의 집에 가는 일은 나에겐 부담스러운 일이었다. 출산 직후였던 형수가 혹여나 불편할까 봐 죄송했고, 밤늦게 비밀번호를 누르는 소리에 울음을 터뜨렸던 형의 딸 자은이에게도 미안했다. 그럴 때마다 형은 "여긴 네 직장이니까, 일하러 온다는 생각으로 와"라고 얘기해줬다. 어디에도 소속되지 못한 삶은 늘 불안하고 외롭다. 나에게 형은 든든한 소속감을 심어주었다.

1위에 오르고는 그 자리를 절대 놓치고 싶지 않았다. 다시 내려가는 건 예전에, 내가 가장 안 좋았던 시절로 돌아가는 것만 같아 더 미친 듯이 팟캐스트에 매달렸다.

 좋은 내용과, 그에 비례하는 양으로 승부를 본 우리를 사람들은 신기해했다. 종종 팟캐스트를 하는 다른 사람들을 만나면, 어떻게 그렇게 많이 녹음하냐는 질문을 빠짐없이 들었다. 1위를 해보려고 아무리 열심히 해도 우리를 이길 수가 없다는 것이다. 질린다는 표현을 듣기도 했다. 싫지 않았다. 그런 끈질김으로 우리는 계속 1위에 머무를 수 있었기 때문이다.

사람들은 나에게 종윤이를 잘 만나서 〈히든풋볼〉이 성공했다고 말하기도 했다. 냉정하게 나는 방송 3사를 통틀어서 가장 후순위의 해설자였으니 사람들의 그런 시선에도 일리가 있다고 생각했다. 하지만 변치 않는 사실은, 종윤이라는 잘 맞는 파트너를 가장 먼저 알아봤고, 서로 호흡을 맞춰가며 개인 방송의 영역에서 우리의 길을 개척해나갔다는 것이다.

〈히든풋볼〉을 시작하고 얼마 지나지 않아, 호외 편에 울산 현대의 이적 시장에 관한 이야기를 방송한 적이 있다. EPL을 다루던 우리 프로그램에는 다소 뜬금없는 K리그의 등장이었다.

내가 축구 팬들의 세계로 들어가기까진 꽤 오랜 시간이 걸렸다. 축구 팬이라면 해외 리그나 국내 리그를 두루 좋아하는, 축구 그 자체를 좋아하는 사람들인 줄만 알았지, 해외 축구 팬과 국내 축구 팬이 나뉘어 있을 거라고는 생각지도 못했다. 그런데 아프리카TV에서 본격적으로 방송을 하면서부터 그 간극이 보였다. 해외 축구팬들을 위한 콘텐츠는 눈을 조금만 돌려도 널려있었지만, 국내 축구 팬들을 위한 콘텐츠는 거의 없었다. 몇 개의 커뮤니티만 있을 뿐이었다.

현실을 내 눈으로 확인하고 나서, K리그 팬들이 그동안 외로웠겠구나 싶어 마음이 쓰였다(이 책을 보는 K리그 팬들은, 네가 뭔데 우릴 안쓰럽게 여기냐고 생각할지도 모르겠지만). 우리 〈히든풋볼〉을 비롯한 많은 방송에서 해외 축구를 가지고, 아스널과 맨유를 주제로 떠들고 깔깔거릴 때, 수원, 울산 등 국내 축구 팬들도 자기가 좋아하는 팀 얘기를 같이하고 싶을 것 같았다. K리그도 함께 이야기하며 국내 축구 팬들의 가려운 부분을 긁어주고 싶었다. K리그는 많은 사람이 관심 갖는 콘텐츠가 아니라는 건 이미 알고 있었다. 하지만, 그럼에도 K리그 팬들이 한데 모일 수 있는 자리를 만들고 싶었다.

〈히든풋볼K〉는 그렇게 탄생했다. 순전히 K리그를 품고 싶은 내 의도였다. 역시 종윤이와 함께하고 싶었지만, 그러기엔 종윤이는 이미 너무나 바빴다. 아프리카TV EPL 중계와 〈히든풋볼〉 준비만으로도 일주일을 몽땅 쓰고 있던 종윤이었다. 대신, K리그 현장에서 발로 뛰며 구단 소식을 속속들이 알고 있던 김환 기자가 생각났다. 〈주간 서형욱〉에 함께 출연하며 합이 잘 맞던 친구였다. 마음의 결정을 내리고 종윤이에게 얘기를 꺼냈다.

"종윤아, K리그 얘기만 하는 방송을 따로 하나 할까 하는데, 너 환이 알지?"

"네, 스포티비에서 같이 중계 많이 했었어요."

"환이랑 〈히든풋볼K〉 같이 할 생각이야. 너는 쉬어도 돼."

종윤이는 며칠 뒤 한 설렁탕집으로 나를 다시 불렀다. 웬일인지 술을 한잔하자고 했다. 어두운 표정으로 어렵사리 말을 꺼냈다.

"형, 저도 K리그 하고 싶어요. 같이 고생해서 〈히든풋볼〉을 여기까지 왔는데, 왜 저 빼고 해요."

난 100% 종윤이를 위한 배려라고 생각했다. 그래서 종윤이의 반응이 너무 당황스러웠다. 내 생각과는 다르게 엄청나게 섭섭해하던 종윤이는, 자기가 가운데서 MC를 맡겠다고 했다. 나야 두 손 들고 환영이지만 걱정스러웠다. 일이 엄청 많아질 텐데 괜찮겠냐고, 계속된 만류에도 종윤이는 끄떡없었다.

종윤이는 두말할 것 없이 MC 역할을 잘 소화했고, 환이는 내 기대대로 폭넓은 정보력을 자랑했다. 게다가 방송을 위해 망가지는 것도 스스럼이 없었다. 국내 최초 K리그 전문 팟캐스트 〈히든풋볼K〉. 환이가 합류한 우리 셋은 폭발적인 시너지를 내며 국내 축구 팬들까지 금세 흡수했다.

인기가 많고 적고를 떠나, K리그에 관해 공부하고 K리그를 알리는 것은 축구인으로서 우리의 소명이기도 하다. 우리가 만든 공간에서 우리의 이야기를 듣고 한 사람이라도 더 K리그에 관심을 갖는다면 그거야말로 더없이 값진 결과일 테니 말이다.

우리의 열과 성을 쏟아 만든 〈히든풋볼〉 그리고 〈히든풋볼K〉까지 스포츠 부문 1위를 공고히 했고, 팟캐스트 전체 순위에서도 15위권을 맴돌며 스포츠 팟캐스트로는 유례없는 성공을 거뒀다. 인기에 힘입어 첫 공개방송도 진행했는데, 200명이 넘는 팬들이 자리를 함께해준 감격적인 순간이었다.

축구에, 축구를 위한, 축구에 의한 방송은 우리가 처음이었다, 라고 말하기엔 다소 무리가 있을지 모른다. 하지만 모두가 축구로는 팟캐스트 시장에서 절대 성공할 수 없다고 생각할 때, 오로지 축구만으로 이 정도의 성과를 낸 건 단언컨대 우리가 처음이고, 유일하다. 축구만 가지고도 잘 될 수 있다는 것을 보여준 완벽한 표본이었다.

하지만 팟캐스트의 매체 파워는 팟캐스트 밖에서는 그리 세지 않았다. 광고는 1년이 지나도록 꿈일 뿐이었고, 기대했던 메이저 방송의 기회도 주어지지 않았다. 아프리카TV에서 얻는 수입만으로 간신히 버티고 있었다.

그러다 유로 2016을 끝으로, 우리에겐 아프리카TV 중계마저 끊기게 된다. 아프리카TV에서 2016-2017 프리미어리그 중계권을 구매하지 못한 것이다.

유지 불능의 위기가 만든
터닝 포인트,
팟캐스트 최초 유료화

〈히든풋볼〉을 시작하고 나서 친구와 함께 작은 유소년 축구 교실을 열었는데, 방송이 점점 잘 되고부터 그 일은 친구에게 모두 맡겼다. 강사이자 운전기사로 일하면서 피로가 쌓이다 보니 방송에 온전히 집중하기 힘들었던 탓이다. 나에겐 아프리카TV와 〈히든풋볼〉이 우선이었다.

그런데 갑작스럽게 아프리카TV에서 중계가 끊기면서 〈히든풋볼〉 외에는 마땅히 하는 일도 버는 돈도 없어졌다. 최후의 보루였던 별풍선 후원도 중계방송이 아니고서야 거의 없다시피 했다.

사람들은 우리 방송을 이렇게나 좋아해주는데, 왜 우리의 삶은 하나도 달라지는 게 없을까. 생각할수록 힘이 빠졌다. 과도기가 온 것이었다. 힘든 감정은 쉽게 전염되는지 그맘때쯤, 엎친 데 덮친 격으로 종윤이가 〈히든풋볼〉에서 하차하겠다는 폭탄선언을 했다.

아프리카TV에서 수입이 뚝 끊겼을 무렵, 친구가 나에게 같이 사업을 하자고 제안했다. 팟캐스트는 이렇게 잘 나가는데도 당장 광고 하나가 안 붙는 걸 보면 돈벌이의 수단은 절대 안 될 것 같고, 아프리카TV에서 다음 시즌에는 중계권을 사리라는 보장도 없었다. 확신이 없는 채로 이 일을 계속하느니, 친구와 동업을 하는 게 더 안정적이라고 판단했다. 동시에 여러 가지 일을 하지 못하는 나로서는 선택과 집중을 해야 했다. 어쩔 수 없는 상황이었다.

나는 사업을 접고 방송에 전념하는 길을 선택했는데, 종윤이 생각은 나와 반대였다. 하지만 축구 방송으로 돈 버는 것에 한계를 나 또한 느끼고 있었기에, 종윤이를 막을 수는 없었다. 조금만 더 하다 보면 수입이 생길 거란 확신도 줄 수 없었다. 그저, 방송에 지금보다 힘을 빼도 좋으니 두 가지 일을 같이해보라고 제안하는 게 최선이었다. 종윤이는 완강했다. 한 달만 더 하다가 그만두겠다고 얘기했다.

이런 상황이 오고 만 것에 너무 화가 났다. 상의 없이 나에게 통보한 종윤이에게가 아니라, 붙잡을 방법이 없는 현실에 화가 치밀었다. 복잡한 마음에 매일을 술과 함께 보냈다. 환이와 둘이서 〈히든풋볼〉을 이어가야겠다, 종윤이를 대신할 다른 사람을 찾아봐야겠다, 대안을 찾다 보면 녹음 날이 됐다. 나는 일부러 연습 삼아 종윤이가 없다고 생각하고 녹음을 시작했다. 괘씸하게도 종윤이는 평소와 다름없이 완벽한 파트너였다. 아, 정말 종윤이 만한 애가 없는데, 죽어도 없는데.

아마 종윤이는 내가 안 잡아 줄까 봐 그때 더 열심히 했던 게 아닐까 싶다.

"너 진짜 관둘 거냐? 도저히 안 되겠어?"

"네, 형."

"방송을 해야 하는 애가 왜 방송을 놓으려고 하냐. 축구판에서 너만큼 방송하는 사람, 아무리 봐도 진짜 없어."

"형, 다시 생각은 해보겠지만 마음 바뀔 일은 아마 없을 거예요."

도돌이표였다. 종윤이 대체자를 얼른 찾아보자, 다음 녹음 땐 진짜 종윤이가 없는 것처럼 해보자. 하지만 녹음 날이 되면 모든 결심이 리셋됐다. 종윤이 만한 애는 내 휴대폰 연락처 목록을 다 뒤져도 없었다. 결심하고, 무너지고, 또다시 종윤이를 붙잡았다.

 나라고 그 기간 동안 마음이 편했던 것은 아니다. '방송으로 먹고 살 수 있는 애가 왜 떠나려고 하냐'는 형의 말이 머릿속에 박혀 떠나지 않았다. 지금까지 형과 고생하면서 일궈놓은 〈히든풋볼〉을 놓아야 한다는 아쉬움도 컸고, 친구와의 사업으로 얼마만큼의 수익을 창출할 수 있을지도 미지수였다. 형은 못 느꼈을지 모르지만, 형이 붙잡을 때마다 나 역시 깊은 고민에 빠졌다. 뒤도 안 돌아보고 방송을 떠나기엔 그 어떤 것에도 확고한 믿음이 없었다.

약속했던 한 달이 지나고, 다행히도 결론을 내지 못한 종윤이는 두

가지 일을 병행해보기로 했다. 성격상 〈히든풋볼〉을 준비하는 일도 전혀 줄이지 못했다. 그동안 광고든 다른 방송이든 종윤이를 붙잡을 명분이 생기길 간절히 바랐지만, 몇 달이 지나도록 상황은 1%도 나아지지 않았다. 종윤이가 다시 한번 나를 불렀다. 이제 진짜 때가 된 것 같다고.

종윤이의 부재에 대해서 환이와도 많은 이야기를 나눠왔었다. 그때마다 결론은, 〈히든풋볼〉은 어떻게든 우리 3명이서 해야 한다는 것이었다. 그렇다면 종윤이를 붙잡을 명분, 이 방송을 유지할 수 있는 최소한의 수입이 있어야 했다. 가장 쉽고도 어려운 방법, 그건 바로 유료화였다.

당장은 종윤이를 위한 것이었지만, 나와 환이에게도 동력은 필요했다. 지속적인 수익이 발생한다면 계속 방송할 거냐고 물었더니 종윤이는 광고라도 들어왔냐며 의아해했다. 한 번도 생각해보지 않았던 유료화 계획을 공유했고, 안정화가 될 수만 있다면, 생활비 정도만 벌 수 있다면 남겠다는 대답을 들을 수 있었다.

우리는 우리를 믿고 응원해주는 청취자들에게 미리 공지를 시작했다. 장기적으로 방송을 이어가기 위해 유료 전환을 계획하고 있음을 알리고 양해를 구했다. 청취자들의 충격을 최소화하기 위한 준비 과정이었다.

팟캐스트 사상 전례가 없었던 유료화 시도에 악플 세례는 어마어마했다. 너네가 뭔데 아무도 하지 않은 유료화를 하느냐며, 평생 먹을 욕을 다 먹었다 해도 과언이 아니다. 예상은 하고 있었다. 불과 몇 년 전이지만 과금하는 콘텐츠에 대한 인식이 지금보다 훨씬 폐쇄적이었던 터라 그 정도 반발은 당연했다. 그러나 우리는 유료화가 아니면 방법이 없었다. 존폐의 위기에서 선택할 수 있는 유일한 수단이었기에 흔들릴 겨를도 없었다.

지나고 나서 얘기지만, 갖은 풍파를 겪고 우리가 유료 전환을 하자 그 후 여러 방송이 평탄하게 유료화의 길을 걸었다. 팟캐스트계에 축구라는 콘텐츠를 일으켜 세운 것처럼, 우린 팟캐스트 시장에 유료화라는 새로운 항로를 개척한 꼴이 됐다.

청취자들의 반발을 견디는 것도 문제였지만, 시스템적으로도 개발이 필요했다. 우리가 이용하던 팟캐스트 플랫폼 팟빵에는 아직 유료화 시스템이 갖춰져 있지 않았기 때문이다. 독자적인 사이트를 반 이상 만들었을 때쯤 팟빵에서 연락이 왔다. 플랫폼 내에 유료화 모듈을 준비하고 있으니 팟빵에 남아달라는 것이었다. 팟빵으로서는 스포츠 1위 프로그램을 지킬 수 있고, 우리도 안정적으로 방송을 이어갈 수 있으니 서로에게 좋았다.

회당 금액을 책정하는 일이 마지막 관문이었다. 당시 음원 가격에 맞춰 우리도 500원? 그래도 2시간이 훌쩍 넘는 방송인데 너무 싸다, 1,000원? 그건 조금 비싼 것 같다, 그럼 그 중간인 700원으로 하자. 넘치지도 모자라지도 않는 가격이었다.

가만 보자. 유료화 직전에 우리 방송의 재생 요청 수는 20만을 훌쩍 넘기고 있었다. 유료화가 되면 청취자가 얼마나 빠지려나. 아주 많이 빠진다고 해도 10%, 아니 5%는 우리 방송을 들어주겠지? 5%면 만

명이었다. 머릿속에 계산기가 돌아갔다. 한 회당 700원, 우리는 일주일에 EPL과 K리그, 2편을 업로드하니까 일주일에 1,400원. 한 달이면 5,600원이고, 이걸 만 명이 듣는다고 하면… 5천 6백만 원? 수수료를 떼고 3명이 똑같이 나눈다고 해도 한 사람당 천만 원 이상이었다.

"말도 안 돼, 나는 차 한 대 새로 뽑아야겠다."

팟캐스트를 처음 시작했던 건 온전히 내가 하고 싶은 축구 이야기를 위한 창구가 필요했기 때문이었지 이 일로 돈을 벌어야겠다고 생각해본 적은 없었다. 하지만 하루하루가 불안한 뉴미디어 시장에서 꾸준한 수입은 보장되지 않았고, 종윤이까지 잃을 위기에서 대책은 단 하나뿐이었다. 〈히든풋볼〉은 더 이상 편하고 가볍기만 한 '취미'가 아닌, 우리가 매달리고 있는 '전부'였다. 엄연히 우리의 일이었고, 이 일을 안정적으로 유지하고 싶었다.

팟캐스트 최초 유료화. 실로 과감한 시도였고, 무모한 도전이었다.

거센 비난이 가져다준
사업적 영감

축구 라디오 방송은 팟캐스트뿐만 아니라 다른 오디오 플랫폼으로 눈을 돌려도 우리만큼 많은 재생수를 올리는 방송은 없었다. 압도적 1위였고, 우리와 함께하는 청취자들에 대한 믿음이 있었다. 유료화 전환 후 첫 방송은 평소와 다름없는 경기 리뷰였다. EPL 새 시즌 개막에 맞춰 유료화를 진행한 우리는, 개막 첫 라운드 경기를 리뷰하고 평소처럼 2시간 방송분을 업로드했다. 대신 약간의 책임감이 더해졌다. 늘 혼신의 힘을 다해 방송했지만, 평소보다 조금 더 텐션을 올려 깊이 있는 내용을 전달하려 노력했다.

유료 첫 방송, 우리의 확신은 처참하게도 무너졌다. 우리 방송에 700원을 투자해준 청취자는 만 명이 아니었고, 1,000명도 아니었다. 820명. 기존 청취자의 단 0.4%만이 우리에게 변함없는 지지를 보내주었다. 그 많던 청취자는 다 어디로 간 것일까. 근래에 느껴본 적 없는 당혹감이었다. 재생 수를 확인하고 종윤이와 어색하게 눈빛을 교환했다.
"종윤아, 우리 망한 것 같아."

형은 적잖이 충격을 받았고, 얼마간은 여전히 그 수치를 믿을 수
없다는 듯이 자꾸 되뇌었다. 700원이 정말 큰돈인지 생각해보
라고. 밖에 나가서 700원으로 할 수 있는 일이 뭔지, 편의점에서
700원으로 살 수 있는 게 얼마나 있는지.
　　그날, 형은 새 차를 뽑는 대신 세차를 하러 갔다. 차를 오래 써
야겠다고 말했다.

　어떤 식당에 가도 항상 기본으로 제공되는 음식이 있다. 바로 물이
다. 그런데 어느 날부터 식당에서 생수 한 병에 500원을 받는다면? 선
뜻 지갑을 여는 사람도 있겠지만, 멈칫하는 사람도 많을 것이다. 비싸
고 저렴하고의 문제가 아니다. 예상치 못한 소비는 사람들에게 절대
로 반갑지 않다.
　우리 방송에 쓰는 700원이 절대 큰돈이 아니라고 여겼던 건, 순전
히 내 소비 방식에 기인한 것이었다. 나는 오래전부터 돈을 주고 콘텐
츠를 소비하는 데에 익숙했다. 불법으로 다운로드한 음원을 듣는 대
신 CD를 사서 들었다. 영화를 보거나 놓친 방송을 다시 볼 때도 VOD
서비스를 이용했다. 정당한 방법으로 구매하지 않으면 신뢰가 가지
않았다. 화질이나 음질이 좋지 않은 것 같고, 자막도 하자가 있는 것
같았다. 한두 번 그런 경험 때문에 항상 콘텐츠를 구매해서 이용했고,

그래야 마음이 편했다.

　나보다 나이대가 낮은, 인터넷 활용을 잘하는 젊은 친구들은 보통 유료 콘텐츠를 이용하지 않았다. 조금만 시간을 투자하면 공짜로 영화나 드라마를 다시 볼 수 있는 방법은 수두룩했고, 돈을 내고 이용하는 건 오히려 바보 같다고 생각하는 경향도 있었다. 스마트폰과 태블릿PC 등 휴대기기의 보급으로 콘텐츠 소비 경향이 바뀌면서 지금은 어느 정도의 비용을 지불하고서라도 콘텐츠를 즐기는 시대가 됐지만, 몇 개월 단위로 추이가 바뀌는 뉴미디어 시장에서 불과 3년 전은 완전히 다른 분위기였다. 전체 디지털 콘텐츠 이용자 중 유료 콘텐츠 이용자는 채 10%도 안 됐다. 유료 콘텐츠에 대한 거부감이 지금보다 훨씬 컸다는 이야기다.

　저작권에 대한 이해도 지금보다 부족했다. 명확한 주소를 알 수 없는, 그리고 웹사이트 주소가 자꾸만 바뀌는 어둠의 경로를 통해 콘텐츠를 올리고 내려받고 하는 일련의 행위들이 암암리에, 하지만 활발하게 이루어지던 때였다. 나처럼 화질이나 음질의 문제를 따지기보다는 콘텐츠를 이용하는 자체에만 의의를 두는 사람이 많았다.

　콘텐츠 시장에 대한 이해가 부족했던 우리는 보란 듯이 실패했다. 유료화 작업을 하면서 익명의 사람들로부터 거센 비난을 받았고, 그 비난은 충격적인 결과를 가져왔으며 그 과정에서 나는 많은 사업적인 깨달음을 얻었다. 금액의 많고 적음을 떠나서, 돈이 있고 없고를 떠나서, 누군가의 지갑을 열게 하는 일이 얼마나 어려운 건지. 그리고 손에 잡히는 물질적 소비가 아닌 경험적 소비라면 그 부담이 더 커진다는 것 또한.

과감해야 하지만 또 신중해야 하는 가격 설정에 대한 가이드라인도 잡혔다. 우리의 주 고객인 축구 팬들의 소비 성향은 그리 활발하지 않다는 것도 몸소 느꼈다.

예상치 못한 반응에 심기일전한 우리는 다운로드 수가 안 나오면 전보다 더 많이, 더 자주 녹음했고, 300원짜리 호외 방송도 수시로 껴넣었다. 한 달에 한번은 홍보를 목적으로 무료 방송도 진행했다. 더 이상의 악플은 없었다. 떠날 사람은 모두 떠나고, 우리를 좋아해주는 청취자들만 남은 상태였다.

유료화 이후, 팟캐스트는 더 이상 취미가 아닌 일이 되면서 나에게도 변화가 생겼다. 절대 설렁설렁 방송을 해서는 안 됐다. 안주하지 않고 계속해서 방송에 새로운 변화를 주기 위해 노력했다. 코너를 새로 만들거나 새로운 패널을 데려오거나 청취자들에게 700원 소비에 걸맞은 만족을 줘야 했다.

역설적으로 우리가 추구했던 원초적인 재미는 반감됐다. 돈을 지불함에 따라 청취자의 요구는 보다 정당해졌고, 우리는 그 요구를 받아들여야만 했다. 다수의 청취자가 원하는 모든 내용을 담기 위해서는 우리가 원하는 얘기만 할 수는 없는 게 현실이었다. 재미보단 의무감과 책임감으로 방송을 꾸리는 날도 있었고, 우리 스스로 즐거움에 무던해지면서 고민하는 날도 많았다.

반가웠던 건, 한두 달이 지나자 우리에게 다시 돌아오는 청취자들이 있었다는 것이다. 대부분의 반응은 이랬다. '유료화되고 기분 나빠서 안 들으려고 했더니 〈히든풋볼〉 말고는 들을 게 없더라', '속는 셈 치고 들어 보니 700원 투자할 만하다' 등. 그동안 우리가 방송을 제법 잘하고 있었나 보다. 우리의 가치를 다시 인정해주는 사람들이 속속 돌아오면서 다운로드 수가 많이 늘었다. EPL과 K리그를 사랑하는 새로운 청취자들도 유입됐다. 유료 콘텐츠에 거부감 없이 다가오는 청취자들 덕분에 2020년 코로나 19로 리그가 중단되기 전까지는, 감사하게도 결제자 수는 완만하지만 지속적으로 올라가고 있었다.

유료화를 시작하고 벌써 꼬박 3년이 지났다. 당초 예상했던 만 명의 청취자는 아직도 돌아오지 않았고, 돌아올 수 없을 것이다. 다시 유료화 전과 같은 폭발적인 인기도 누릴 수는 없을 것이다. 만약 지금 20만 명이 우리 방송을 들어준다면, 모든 사업을 팽개치고 팟캐스트에 올인해야 한다. EPL과 K리그 팀을 나눠서 EPL 팀은 잉글랜드 현지에서 방송을 진행하고 있겠지, 런던 한복판에 우리의 이름을 내건 커다란 부스를 만든 채로 말이다.

지금까지도 팟캐스트 스포츠 카테고리에서 유료 방송은 우리밖에 없다. 〈히든풋볼〉은 그럼에도 스포츠 부문 1위를 굳건히 지키고 있다. 과감하고 무모한 시도였지만, 그리고 힘든 과정을 거쳐 왔지만, 방송을 연명할 수 있는 최소한의 수입이 생겼고 그 수입을 발판으로 우리는 크게 성장했다. 우리가 바랐던 '장기적인 방송'을 하고 있는 것이다. 팟캐스트 최초 유료화. 결과적으로 우리가 여기까지 올 수 있는 강력한 계기가 된 셈이다.

① 같이 가야 오래 간다

- 최근 히트하고 있는 가요들을 보면 솔로 가수보다는 팀·그룹으로 활동하는 뮤지션들의 곡이 훨씬 더 많다. 기획사에서 잘 조직된 아이돌이 많아서 겠지만, 소비자들이 원하는 다양한 니즈를 동시에 이른바 '패키지'로 채우려면 팀을 이루는 것이 좋기 때문이기도 하다. 뉴미디어 크리에이터도 마찬가지다. 혼자 할 수 있다면 가장 좋다. 의사 결정 과정도 빠르고 수익도 오롯이 챙길 수 있다. 그러나 그게 아니라면? 콘텐츠를 기획하고, 촬영하고, 편집해서 업로드하는 일련의 과정을 분담할 수 있는 동료가 있으면 좋다. 물론 팀이 없다고 시작하지 않는 것은 바보 같은 짓. 시작은 혼자 할 수 있으나 성장을 원한다면 뉴미디어 던전을 헤쳐나갈 파티원을 꾸려보자.

② 라이브 방송, 양날의 검

- 라이브 방송의 장점은 다양하다. 시청자들과 생방송으로 소통할 수 있다는 최고의 장점뿐 아니라 별다른 편집 없이 콘텐츠 하나가 곧바로 생성된다는 편리함도 있다. 그러나 편집을 할 수 없다는 부분은 초보 크리에이터에겐 치명적인 단점으로 돌아올 수도 있다. 시청자 수가 확보된 라이브 방송은 대단한 중독성이 있는데, 그 중독성 때문인지 사람을 '과감'을 넘어 '과격'하게 만들기도 한다. 시청자들과 호흡하면서 자신을 컨트롤 할 수 있다는 자신감이 있다면 라이브 방송은 많으면 많을수록 좋다. 단! 그게 아니라면? 단 몇 초의 실수로 돌아올 수 없는 강을 건너게 만드는 것 역시 라이브 방송

이다.

③ XSplit, 마법의 프로그램

- 유튜브, 아프리카TV, 트위치 등 다양한 뉴미디어 플랫폼을 송출하는 데 최고의 프로그램을 꼽으라면 단연 XSplit(엑스스플릿)이다. 아프리카TV처럼 자체적인 송출 프로그램(프릭샷 스튜디오)을 제공하는 경우도 있지만, 대다수의 크리에이터가 XSplit을 함께 사용한다. XSplit은 다양한 영상 소스(PC 화면, 캠 화면, TV 화면, 캡처 보드를 이용한 콘솔 게임 화면 등)를 한데 묶어 송출해줄 뿐 아니라 방송국에서 쓰는 고가의 스위처 역할도 해준다. 현역 방송국 PD가 이 프로그램을 보고, "이게 된다고? 이 가격에?"라는 말을 했으니 더 이상의 설명은 필요 없다. 단연 주저 없이 결제해도 후회하지 않을 프로그램이다.

Chapter 5

축구 영상 없이도
성공한 축구 유튜버

우리 구독자들이 좋아하는 시간대는
아침 8시 출근길, 점심을 먹는 오후 1시경,
저녁 6시 퇴근길, 집에 돌아와 식사를 하는 저녁 8시,
그리고 하루를 마무리하는 밤 11시였다.
하루의 시작과 끝, 그리고 귀중한 식사 시간까지
우리를 위해 내어주고 있었다.

다양한 시도를 위한 공간의 필요성, 사무실을 얻다

나는 모험가적인 성향이 참 강한 것 같다. 1년쯤 지나면 자꾸 새로운 것이 고프다. 팟캐스트 유료화라는 큰 산을 넘고 나니, 새로운 콘텐츠에 대한 의욕이 생겨났다. 오디오 축구 콘텐츠만으로는 채워지지 않는 무언가가 있었다. 오디오가 아닌 영상 콘텐츠에 대한 욕심이었다. 그런데 축구를 이용해 어떤 영상을 찍을 수 있을까. 아프리카TV에서 라이브로 하는 축구 중계 말고 어떤 영상을 만들 수 있을지 감이 잡히지 않았다.

새 술은 새 부대에 담아야 한다고, 새로운 도전을 위해선 새로운 멤버가 있어야 했다. 물리적으로 종윤이와 환이는 이미 한계치의 일을 하고 있기도 했다. 새로운 콘텐츠에 함께 도전하기엔 축구와 영상에 빠삭한 전문가보단, 축구를 사랑하고 우리에게 신선한 영감을 줄 수 있는 비전문가가 좋을 것 같았다. 밑그림부터 함께 그려나갈 수 있는 사회 초년생이면 충분했다.

당장 넉넉한 급여를 줄 수 있는 상황이 아니었음에도 내가 새로운 사람을 원한 이유는, 종윤이와 환이 뿐이었던 좁은 인력 풀을 넓혀놓고 싶었다. 뉴미디어 시장에서는 가만히 있으면 아무것도 이룰 수 없다. 자꾸 새로운 것을 탐구하다 보면 문득 무언가 그려질 때가 있는데, 그럴 때 함께 시작할 수 있는 사람이 주변에 많다면 일하는 데 있어 훨씬 수월할 테니 말이다. 축구에 빠져 사는 다방면의 사람들을 만나보고 싶었다.

포털 사이트에서 축구 관련 글들을 읽다가, 유난히 눈길이 가는 블로그가 있었다. 축구 칼럼이 가득했던 그 블로그는 아주 깔끔했고, 종윤이도 잘 정돈된 사람처럼 보인다고 말했다. 잘 관리되어 있는 블로그만큼 글도 정갈해 보기에 좋았다. 메일을 보내 우리의 의도를 전달하고, 며칠 뒤 그를 만날 수 있었다. 몇 마디를 나누다 운명임을 직감했다. 마침 〈히든풋볼〉을 듣고 있는 청취자였던 것이다! 취업준비생이었던 그 친구는 인천 유나이티드의 명예 기자 활동을 하면서 축구 쪽으로 할 수 있는 일을 알아보고 있다고 했다. 딱 우리가 원하는 인재였다. 그는 우리의 역사적인 첫 요원이자 지금은 제작팀장이 되어 여전히 우리와 함께하고 있다.

아프리카TV에서 중계를 하고, 팟캐스트가 인기를 얻고 유료화를 하기까지, 우리 집에 자리하고 있던 좁은 부스는 모두의 사무실이었다. 매일 정해진 시각에 출퇴근하는 건 아니었지만, 종윤이를 비롯해 함께 일하는 사람들은 매일 같이 우리 집으로 출근 도장을 찍었다.

우리의 역사적인 첫 요원이자 현 제작팀장.

여러 사람이 우리 집에 드나든 지도 어느덧 3년. 편하다는 장점도 있었지만 치명적인 단점도 있었다. 집이 곧 사무실이라는 건 한편으론 답답하기도 했다. 업무 공간과 휴식 공간이 분리되어 있어야 일의 능률도 오르고, 쉼의 질도 높아진다는 것은 진리다. 일을 하러 오는 친구들도 불편할 것 같았다. 회사 건물이 아니라 누군가의 주거 공간으로 오는 건 아무래도 '일하는 곳'이라는 느낌이 덜 들 테니까, 마음도 느슨해지고 집중력도 떨어지기 쉬웠을 것이다. 우리 모두를 위해서, 더 큰 그림을 그리기 위해선 집을 떠나 온전한 작업의 공간이 필요했다.

형은 그맘때쯤 사무실을 얻고 싶다는 이야기를 꾸준히 해왔다. 갑자기 머릿속에 좋은 아이디어가 떠올랐는데, 그때마다 일일이 전화를 걸어서 지금 와줄 수 있는지 물어야 하니 사기가 떨어진다고 했다. 한데 모여 있지 않으니 자꾸만 추진력에 제동이 걸리고 진전이 더디다는 얘기였다. 아무리 1초 만에 메시지를 주고받는 시대라고 해도, 각자의 공간에서 일을 하다 보면 피드백을 바로바로 받기도 불편했다.

이런 형에게 불을 지핀 건 내가 친구와 작게 동업을 하고 있던 사무실이었다.

생각만 하던 작업실을 실제로 얻게 된 건 우연한 기회였다. 종윤이는 팟캐스트를 그만두고 옮겨가려 했던 그 사업을 친구와 계속하고 있었다. 마곡에 어엿한 사무실까지 차리고 말이다. 당시 도시개발 사업이 진행되던 마곡에는 신축 건물들이 한창 서고 있었다. 종윤이는 집에서도 가깝고, 서울 시내 다른 동네보다 가격도 저렴한 그곳에 터를 잡았다. 종윤이가 사무실을 얻은 것을 알고 몇 달 뒤, 〈히든풋볼〉 녹음을 마치고 나는 문득 궁금해졌다.

"종윤아, 너네 사무실 한 번 놀러 가보자."

나와 환이, 종윤이는 갑작스럽게 계획에도 없던 사무실 견학을 가게 됐다. 종윤이네 사무실은 매우 깨끗했고 쾌적했다. 잘 정리된 사무실 한쪽엔 안마의자도 놓여있었다. 진짜 일하는 곳 같았다. 안마의자에 몸을 누이자마자 우리도 이런 사무실이 있어야겠다는 생각이 꽂혔다.

"우리도 사무실 하나 만들래?"

"어, 그래요~."

"야, 그럼 부동산 전화해봐."

"예? 지금 전화하라고요?"

"해봐, 얼른."

 그때 형은 뭐에 홀린 사람 같았다. 꽂히면 직진하는 사람이니 그다지 놀랍지는 않았다. 나와 환이 형도 사무실이 있으면 좋겠다는 생각은 항상 가지고 있었지만, 그게 어디 쉬운 일인가. 마땅한 계기가 없어 미루고 있던 그 일을 추진력 좋은 형이 밀어붙인 셈이다. 부동산에 전화를 해보니, 마침 같은 건물에 빈 사무실이 있다는 반가운 대답이 돌아왔다. 그런데 보증금은 500만 원. 형에게 돈은 어떻게 준비할 거냐고 물었다.

나는 돈이 없었다. 결혼하고, 부스 만들고, 돈을 모을 새가 없었으니 여유 자금은 고사하고 가진 건 빚밖에 없었다.

"환아, 종윤아, 너네 현금 많잖아. 얼마 있냐? 나는 돈 없어."

둘은 그때 솔로였고, 나처럼 술을 좋아하지도 않았다. 그러니까 모아놓은 돈이 있을 것 같다는 아주 단순한 생각에서 나온 말이었다. 환이는 당황한 눈치였지만, 사무실을 얻자는 마음은 같았으니 이내 순

순히 통장 사정을 고백했다. 종윤이도 마찬가지. 다행히 동생들이 가진 자금으로 보증금을 충당할 수 있었다. 못난 형 대신, 사무실 얻는 데 먼저 보태 달라고 부탁했다.

며칠 뒤, 바로 돈을 가지고 가서 계약을 마치고 우리만의 '정식' 사무실을 얻었다. 드디어 부스 탈출! 장소를 보고, 마음을 먹고, 계약하기까지 채 일주일도 걸리지 않았다.

새로운 사무실에 책상과 컴퓨터, 우리의 피 같은 장비들을 들이고 팟캐스트를 처음 녹음했다. 어어, 이상하다. 분명 더 좋은 공간인데 퀄리티가 좋지 못했다. 텅 빈 공간이다 보니 소리 울림이 심했다. 팟캐스트는 음질이 생명인지라 그대로 두고 볼 수는 없었다. 보완할 방법을 알아보는데, 이 큰 공간 전체를 부스로 만들자니 자재며 인건비며 너무 많은 돈이 드는 일이었다. 가장 저렴하게 좋은 효과를 볼 수 있는 방법은 역시 D.I.Y였다. Do It Yourself!

축구공만 찰 줄 알던 나는 개인 방송을 시작하면서 음향과 관련해 거의 전문가 수준에 올랐다. 인터넷 가격 비교와 주변 인맥을 통해 좋은 자재를 합리적인 가격에 구했다. 그리고 주말에 우리 〈히든풋볼〉 멤버들을 모두 불러 모았다. 나, 환이, 종윤이, 그리고 이제는 이웃사촌이 된 종윤이의 동업자 친구에 새로 뽑은 직원까지. 한여름, 에어컨도 없는 찜통 같은 사무실에서 우리는 땀으로 목욕하며 주말 내내 시공을 했다. 쾌적한 녹음 환경은 소중한 땀의 결과물이었다.

팟캐스트는 〈히든풋볼〉의 유료화 이후 자리를 잡고 있었지만, 생각지 못한 변수가 생겼다. 돈을 내고 〈히든풋볼〉을 듣는 청취자들이 우리가 축구 외의 다른 주제로 수다를 떠는 것을 반가워하지 않았다. 또, 재생 수가 소폭 오르고 있긴 했지만 축구만으로 하는 방송은 수익성의 한계가 뚜렷했다. 우리는 축구가 아닌 이야기에도 자신이 있었고, 그 이야기들을 마음껏 풀어낼 수 있는 또 다른 창구가 필요했다. 이를 위해 계획한 것이 시사 예능 방송인 〈주책남들〉이었다.

팟캐스트에서 시사 방송을 하고 있던 손수호 변호사를 먼저 영입했다. 영광스럽게도 〈히든풋볼〉 청취자이자 K리그 열성 팬이었던 그는 우리의 제안을 흔쾌히 받아주었다. 다음으로는 5년 전, 같은 방송을 하며 연락처를 알고 있던 조현일 NBA 해설위원에게 손을 내밀었다. '잡학 다식'하고 유머러스한 캐릭터가 내가 그리는 방송과 딱 맞았다. 그리고 나와 종윤이까지. 신박한 조합으로 우리는 축구를 쏙 뺀 새로운 분야의 문을 열었다.

〈히든풋볼〉보다 긴 4시간짜리 방송을 업로드하고, 요금은 900원을 책정했다. 단순히 금액만을 따졌을 때 비교적 비싼 이 콘텐츠에 불만의 목소리도 있었다. 하지만 악플에는 충분히 단련이 돼 있었다. 〈히든풋볼〉을 유료로 전환했을 때 '이걸 돈 주고 듣는다고? 돈 아깝다' '들어보니 별거 아니네' 같은 댓글이 달린 적이 있었는데, 알고 보니 실제 결제를 한 청취자들이 아니었다. 세상엔 이유 없이 비난하는 사람들도 있다는 것을, 그래서 더욱 우리의 선택이 잘못되지 않았다는 것을 그때 확신할 수 있었다. 악플은 모두의 의견이 아니니 거기에 휘둘리지 않고 중심을 잡아야 한다는 사실을 깨달았다.

현 랩추종윤 사무실 모습.

　〈주책남들〉은 〈히든풋볼〉보다 많은 분이 애정을 갖고 들어주셨다. 유명 변호사, NBA 탑 해설위원까지 야심차게 영입하고도 기대만큼 성과가 나지 않으면 어떡하나 불안하기도 했다. 하지만 많은 청취자

주식회사 랩추종윤 ↠ 이주헌

가 우리의 방송을 사랑해줘서 감사했고 다행이었다. 축구인으로서, 축구 콘텐츠보다 인기가 높아 서운하지 않았냐고? 전혀. 〈히든풋볼〉은 이미 오디오 축구 콘텐츠의 정점에 있었음에도 유료화로 찬바람을 맞는 것을 직접 겪었다. 냉정하지만 그것이 현실이었다. 공 하나만 있으면 어디서든 할 수 있고 볼 수 있는 축구는 구매력이 가장 떨어지는 스포츠라는 것.

이런 걸 볼까? 이건 이미 많은데?
고민은 시간 낭비

　　주위에선 예전부터 나에게 유튜브를 해보라고 했다. 〈히든풋볼〉에서 하는 축구 이야기를 영상으로 만들어 올리면 재밌을 것 같다는 것이었는데, 난 그 말에 전혀 공감할 수 없었다. 게임 방송을 하는 것도 아니고, 먹방을 하는 것도 아닌데 축구 이야기하는 영상을 누가 볼까 싶었다. 게다가 저작권이 없는 상황에서 축구 중계 영상을 쓸 수도 없었다.

　　그래도 다들 한다고 하니, 다들 하라고 하니 유튜브를 시작하려고 하는데, 무슨 영상을 찍어야 할지 막막했다. 속는 셈 치고 주위의 권유대로, 〈히든풋볼〉을 위해 준비한 콘텐츠를 유튜브용으로 찍어보기로 했다. 대신 책상을 놓고 정식으로 앉아 축구를 분석하는 것이 아닌, 방 한쪽 구석에 앉아 가볍게 이야기하는 것으로 콘셉트를 잡았다. 말 그대로 '방구석 토크'였다. 책상에 앉아 조명을 설치하고 멋지게 촬영을 하면 그에 걸맞은 완성도 높은 편집본이 나와야 할 텐데 우리는 그 과정이 가능한 전문 인력이 없었다. 그리고 내가 처음 방송을 시작했을 때부터 추구했던 친근하고 편안한 해설의 느낌을 살리고 싶기도 했다.

딸과 놀러 갈 때 쓰려고 사놓은 조그만 간이 의자 2개가 집에 있었다. 때마침 러시아 월드컵 기간이었다. 우리나라는 독일에 승리한 그 명경기를 마지막으로 조별리그에서 탈락했지만, 사람들의 관심이 비교적 높은 국가대표 경기는 첫 촬영 주제로 적절했다. 종윤이와 환이와 나는 사무실 깊은 구석에 서로 무릎을 맞대고 앉았다. 마치 출근길 지하철 8-4번 칸 가장 안쪽에 있는 사람들처럼.

자세는 불편했지만 마음만은 편했다. 〈히든풋볼〉에서 늘 하던 대로 하니 한 시간이 눈 깜짝할 새 지나갔다. 다만, 다른 유튜브 영상들을 참고해 영상 길이는 20분 안으로 맞췄다.

한 편당 5만 내외의 조회 수가 나왔다. 우리는 어떻게 수익을 내는지조차 아무도 몰랐다. 애초에 수익을 바라고 유튜브를 시작한 게 아니었고, 내가 영상을 만들어서 잘될 거라는 생각도 아니었다. 그저 축구를 가지고 영상 콘텐츠를 한번 해보고 싶었던 게 다였다. 우리 딴엔 '이게 먹힐까?'라는 의심을 잔뜩 품은 채 시작한 매우 실험적인 콘텐츠였기에 5만이면 꽤 만족스러운 수치였다.

전문가들이 옆집 형처럼 축구 이야기를 하는 것에 사람들이 호응해주는 듯했다. 부스가 조금씩 넓어지고 환경이 쾌적해져도 방구석 콘셉트는 계속 이어갔다. 더 조그만 목욕탕 의자를 사용하기도 했고,

그조차도 없는 맨바닥에도 앉아봤다. 침대에 누워서 찍은 적도 있었다. 편하고 가볍고 재밌게 볼 수 있는 축구 이야기, 그 느낌만은 가져가고 싶었다.

2달 정도 유튜브에 영상을 올리고 있던 어느 날, 구글 관리자 페이지에서 유튜브 수익을 처음 확인해봤다. 그리고 나는 종윤이를 급하게 불렀다.

"야, 이거 왜 이렇게 많아?"

전혀 예상치 못한 수익이 생긴 것이다. 〈히든풋볼〉에서 얻는 수익에는 조금 모자랐지만, 얼추 비슷한 금액이었다. 3달 넘게 온갖 비난을 받으며 유료 전환을 해 수익을 낸 것에 비해, 유튜브로 생긴 수익은 비교적 순탄했고 기간도 짧았다. 놀라웠다. 이게 인기가 많구나. 사람들이 이런 걸 좋아할 줄이야. 눈으로 확인하니 유튜브에 집중하지 않을 이유가 없었다.

그때까진 유튜브에서 우리가 했던 방식으로 축구 얘기를 하는 사람이 없었다. 그래서 성공했다는 게 아니라, 그래서 안 될 줄 알았던 것이다. 당시에 소위 '먹히는' 축구 관련 콘텐츠는, 실제 축구 경기 영상을 사용해서 만든 것이나 혹은 직접 나가서 축구를 하는 영상이 대부분이었다. 해외 축구 이야기를, K리그 이야기를, 국가대표팀 이야기를, 우리가 〈히든풋볼〉에서 오디오로 하는 콘텐츠를 영상으로 만드는 사람은 없었다. 뜻밖의 성과에 놀라기도 잠시, 굴러들어온 수익을 어떻게 받는지부터 알아내야 했다. 직원이 구글을 뒤져 방법을 찾아냈다.

얼마 후 유튜브로 얻은 수익이 통장에 떡하니 찍혔을 때, 우리는 눈이 마주쳤고 전기가 찌릿 통했다. 이거다! 형은 흥미로운 것이 생기면 빠져들고, 나는 숫자를 보면 발동이 걸린다. 그런 의미에서 유튜브는 우리의 정곡을 정확히 찔렀다.

내가 소규모 방송국들을 거치면서 프로그램 준비 전반에 걸친 모든 과정을 직접 경험해본 건 확실한 메리트였다. 대본도 내가 직접 쓸 수 있었고 출연은 물론이거니와 편집 프로그램도 다룰 수 있었다. 유튜브를 시작하는 데 큰 도움이 됐다. 유튜브는 우리의 작은 방송국이었으니까.

통장에 첫 수익이 꽂힌 후부터는 매주 월요일마다 사무실의 모두가 함께 모여 머리를 맞대고 회의를 했다. 지난주에 올린 영상과 조회 수를 보며 꼼꼼히 분석했다. 어떤 내용을 사람들이 가장 좋아하는지 또 어떤 내용이 조회 수가 잘 안 나왔는지 추이를 파악해서 앞으로 어떤 콘텐츠를 찍어야 할지 방향을 잡아가는 과정이었다. 몇 분 정도의 영상을 사람들이 보기 편안해하는지, 영상의 길이에 관해서도 상세하게 따졌다. 축구라는 기본 틀 안에서 해외 축구, 국내 축구, 그중에서도 특정 팀이나 선수 또는 감독에 관한 이야기, 그리고 출연진의 조합 등 세세하게 따져볼 것들이 많았다. 분석을 하면서 사람들이 좋아하는 내용은 취하고, 반응이 없는 부분은 과감히 버렸다.

또, 방구석 토크 한 가지 콘텐츠로만 채널을 운영할 수는 없었다. 우리는 축구로 할 수 있는 실험적인 시도도 이어갔다. 리프팅을 하며 밥을 먹는 실험도 해봤고, 호날두와 메시 사진이 걸린 패널을 들고 명동 한복판에 나가 외국인들을 상대로 설문조사도 해봤다. 아쉽게도 방구석 토크만큼의 조회 수는 나오지 않았다.

축구가 아닌 콘텐츠에도 도전했다. 유튜버라면 다들 한 번쯤 해보는 게임과 먹방, 우리도 했다. 생전 처음 해보는 게임에도 손을 댔고, 일본 편의점에서 파는 매운 라면을 모조리 사가지고 땀을 뻘뻘 흘리며 먹어도 봤다. 혹시라도 우리가 하는 축구 콘텐츠보다 먹방을, 게임을 사람들이 더 좋아할지 모른다는 생각이었다.

사람들이 이걸 좋아할 것 같으니까 해야지, 이건 안 좋아할 것 같으니까 안 해야지, 라고 미리 단정 짓고 행동하는 건 위험하다. 우리는

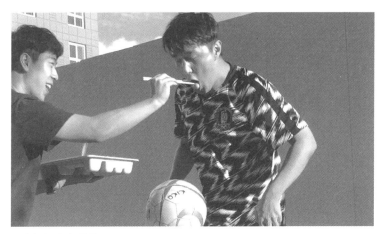
도시락 먹으며 리프팅 중.

대기업이 아니다. 조사된 내용도 없고 아무런 분석 자료도 없다. 내가
직접 해보기 전까지는 사람들의 마음을 절대 알 수 없다.

내가 아무리 특별하다고 생각해도 반응을 못 끌어낼 수도 있고, 별
것 아니라 생각했던 것에도 사람들은 열광할 수 있다. 남들처럼 매운
음식도 잘 못 먹고, 특별히 많이 먹지도 못하는 내가 지금도 종종 먹방
을 찍는 이유다. 한두 번 찍어본 내 먹방 영상을 사람들은 의외로 재미
있어했다.

특히 제대로 자리 잡히지 않은 채널이라면 어떤 콘텐츠가 걸릴지
모른다는 마음으로 다양한 시도를 해보는 것이 좋다. 주변의 객관적
인 조언에도 귀를 기울이면 도움이 된다. 내가 군대에서 익명의 누군
가의 '아프리카 한 번 해보세요'라는 댓글을 보고 아프리카TV를 시

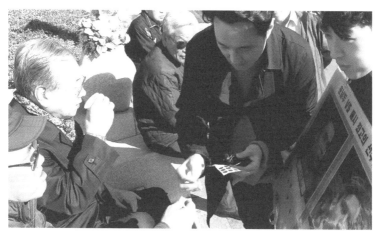
메시 VS 호날두, '메호대전' 설문조사 모습.

작한 것처럼, 〈히든풋볼〉을 하듯 유튜브를 해보라는 말에 영상을 찍었던 것처럼.

유튜브에 이미 차고 넘치는 콘텐츠들이 있어서 선뜻 시도하기 겁난다고? 어차피 뉴미디어 시장에서 아무도 하지 않은 콘텐츠를 찾는 것은 사막에서 오아시스를 찾는 것과도 같다. TV, 라디오 등 기존 플랫폼에 더해 수많은 뉴미디어 플랫폼이 존재하는 이 시대에는 정말 새로운 것이 없다. 내가 출연했던 〈주간 서형욱〉이나 내가 만든 〈히든풋볼〉도 기존의 미디어에서는 다 선보였던 포맷의 방송이다. 하지만 누가 하느냐, 누구와 함께하느냐, 어떤 분위기로 하느냐에 따라 천차만별이 될 수 있다.

중요한 것은, 똑같은 콘텐츠라도 내 것으로 소화해내서 나만의 방식으로, 얼마나 창의적으로 만들어 내느냐이다. 수많은 먹방 유튜버가 존재하지만, 그중에서도 새롭게 히트하는 먹방 유튜버는 계속해서 생겨난다. 그들은 먹방이라는 같은 콘텐츠 안에서 자신만의 개성으로 승부한다. 완전히 새로운 콘텐츠를 찾으며 시간을 허비하기보다는, 같은 콘텐츠 안에서 나만의 디테일을 더해 이목을 끌어야 한다. 새롭지 않다고 무작정 피한다면 할 수 있는 것은 아무것도 없다. 내가 잘할 수 있고 내가 좋아하는 분야라면 도전해보려는 마음가짐은 필수다. 하늘 아래 같은 영상은 없다는 진리를 꼭 기억하면서.

축구 유튜버의 숙명,
저작권

　　우리는 정말 많은 영상을 찍는다. 아마 축구를 전문으로 하는 채널 중에 우리만큼 많은 영상을 찍고 올리는 채널은 없을 것이다. 축구 경기를 보며 중계도 하고, 분석도 하고, 축구로 게임도 하고, 실험도 하고, 토론도 한다. 그런데 우리 채널엔 처음부터 지금까지 딱 한 가지 없는 게 있다. 바로 축구 중계 영상이다. 우리는 항상 축구를 입으로만 한다. 저작권 때문이다. 경기 자체에 저작권이 있는 것은 아니지만, 경기를 중계한 영상에는 민감한 저작권이 걸려있다. 우리가 보통 TV로 보는 스포츠 경기가 그것이다. 방송국에서 중계한 영상은 모두 방송국이 저작권을 가지고 있으므로, 개인 유튜브 채널에서 사용해서는 안 된다.

　　한국저작권보호원이 공개한 자료에 따르면 2019년 1월부터 8월까지, 8개월 동안 유튜브에서 적발된 불법 복제물은 무려 8만 833건에 달한다. 세계 최대 동영상 플랫폼인 유튜브에서는 오늘도 저작권과의 전쟁이 일어나고 있다.

이 저작권 전쟁은, 특히 스포츠를 주 콘텐츠로 하는 채널이라면 더더욱 피해갈 수 없다. 축구는 몸으로 하는 스포츠이고, 그 모습을 눈으로 보면서 즐기는 스포츠다. 그런데 현장감 없는 축구가, 영상으로 볼 수 없는 축구가 과연 매력이 있을까.

팟캐스트에서 〈히든풋볼〉이 나오기 이전에 축구만 가지고 먹히지 않았던 이유가 이와 맥락을 같이 한다. 오디오만 들리는 라디오에서 축구라는 콘텐츠가 먹힐 리 없다고 생각했던 것이다. 하지만 우리는 보란 듯이 '입 축구'로 사람들을 사로잡았고, 최대치의 성공을 거뒀다.

하지만 유튜브 세상으로 들어오니 완전히 달랐다. 글에 비해 가독성이 높고, 말에 비해 전달성이 좋은 '영상'들은 장르를 막론하고 더없이 좋은 재료이다. 특히 축구에서는 영상이란 거의 필연적이다. 내가 하는 말이나 내가 찍은 영상만으로는 한계가 명확하다. 백문이 불여일견이라고, 아무리 설명하고 분석해도 사람들은 경기 장면을 영상으로 확인하고 싶어 한다. 그래서 많은 유튜버가 범법을 무릅쓰고 축구 경기 영상을 올리고, 그것을 재가공해 콘텐츠를 만드는 것이다. 하지만 함부로 영상을 가져다 썼다가는 어마어마한 저작권 폭탄을 맞을 수 있다. 많은 조회 수로 상업적 이윤을 창출할 수 있는 유튜브에서, 중계 영상은 절대로 개인이 영리적 목적으로 활용할 수 없다. 그래서 우리는 '중계 영상'이라는 장벽을 뛰어넘기 위해 갖은 노력을 했다.

우리처럼 축구 분석을 전문으로 하는 한 축구 유튜버가 있었다. 구독자 수가 35만 명이 넘는 인기 유튜버였다. 어느 날 그 채널에 있던 수백 개의 콘텐츠가 모두 사라졌다. 저작권 위반 경고 3회 누적으로 인한 채널 정지 조치였다.

현재 우리나라에서 해외 축구 중계권은 스포티비가 가지고 있으므로 저작권 또한 스포티비에 있다. 제법 많은 축구 채널이 저작권에 위반되는 해외 축구 중계 영상을 종종 사용했었다. 나는 한편으로는 억울했다. 우리는 저작권 규정을 지키기 위해서 영상을 쓰지 않고, 영상을 대체할 만한 콘텐츠를 필사적으로 개발하고 있는데 말이다. 스포티비에서는 지속적으로 저작권 위반 채널을 모니터링하고 있었고, 문제가 있는 행위라는 사실을 알고 있었다. 얼마 뒤 그러한 채널들이 사라지는 것을 목격했다.

저작권 위반 여부는 유튜브에서 결정하는 것이 아니라 저작권자가 판단한다. 유튜브 내 저작권 관련 규정은 이렇다. 저작권자가 어떤 채널에 의해 저작권을 침해당했다고 판단하면, 유튜브 측에 해당 채널에 대한 페널티를 요청한다. 유튜브는 해당 채널에 경고를 하고, 경고 2번까지는 저작권을 위반한 영상만 삭제하면 된다. 하지만 이 경고를 무시한 채 90일 안에 저작권 위반 경고를 3번 받는다면 돌이킬 방법은 없다. 업로드한 동영상, 댓글, 구독자, 조회 수, 그리고 계정까지 모든 정보가 한꺼번에 없어지게 된다.

우리를 포함한 대부분의 축구 유튜버들은 축구 중계 영상을 사용하지 않는다. 중계방송사가 구매한 중계권은 수십, 수백억 원에 달하고, 합법적인 금액을 지불하지 않은 개개인이 중계 영상을 사용하는 일은 당연히 위법이다. 영상은 물론, 중계 멘트나 현장음 또한 사용할 수 없다. 아무리 캡처 이미지라도, 핵심적인 부분을 영상처럼 보이게 재가공해서도 안 된다. 이 또한 영상 복제로 판단될 소지가 있기 때문이다.

'몇 초 정도'만 사용하는 것 역시 불가능하다. 골 한 장면이나 파울한 장면 등 짧게 사용하면 문제가 없을 거라는 생각은 오산이다. 단 몇초일지라도 저작권자는 저작권 침해를 주장할 수 있고, 해당 유튜버는 즉시 경고를 받게 된다.

혹시라도 다른 개인이 중계 영상을 사용하고 있는 걸 보더라도 사용 가능한 영상이라고 섣불리 판단해서도 안 된다. 그 유튜버 또한 불법으로 사용했거나 혹은 저작권자가 특별히 허가한 경우일 수 있다.

사소한 문제로 야기될 수 있는 분쟁 상황은 애초에 만들지 않는 것이 좋다. 그러기 위해서는 처음부터 위험 요소를 제거하고 자신만의 콘텐츠로 승부해야 한다. 우리는 화려한 편집 기술이나 멋진 축구 실력은 없지만, 타의 추종을 불허하는 종윤이의 정보력과 어디서도 꿀리지 않는 나의 유머로 승부하고 있다. 타인의 저작물을 이용하지 않고도 나만의 독자적인 콘텐츠로 시청자들을 끌어들일 수 있는 무기가 분명히 있어야 한다.

추가적으로, 사진도 저작권이 존재한다. 우리도 유명 이미지 사이트인 게티이미지에서 저작권 위반 통보를 받은 적이 있다. 우리는 게티이미지 워터마크가 박혀있지 않은 사진은 사용해도 무방하다고 알

축구 영상 없이 콘텐츠를 만들고 있다.

고 있었지만 틀렸다. 워터마크가 없더라도 게티이미지에서 저작권을
가지고 있는 것들이 있었다. 그 사실을 알고 우리는 정식 계약을 맺은
뒤 로열티를 지불하고 다양한 이미지를 사용하고 있다.

주식회사 랩추종윤 ▸ 이주헌

저작권 소유주는 응당 큰 채널부터 모니터링을 한다. 비교적 구독자 수가 적은 채널들은 야금야금 저작권에 걸리는 소스를 사용해 조회 수를 올리기도 한다. 당장은 넘어간다 할지라도 언젠가는 반드시 심판을 받게 된다. 유튜브 세계에서 저작권은 꽤 공정하게 작용한다. 편법을 쓰지 않고 솔직 담백하게 자신만의 콘텐츠를 개발하려는 노력이 무엇보다 중요하다.

저작권법은 너무나 방대하고, 그 기준을 파악하기 쉽지 않다. 특히나 스포츠를 소재로 유튜브를 시작하려 한다면 저작권에 관한 많은 공부와 연구가 필요하다. 막상 콘텐츠를 만들다 보면 경기 중계 영상이 필요한 경우가 예상보다 훨씬 많을 것이다. 저작권 침해의 기준을 모르거나, 알면서도 '이 정도는 괜찮겠지'라는 안일한 생각으로 무심코 그 경계를 침범한다면 장기적으로 유튜브 시장에서 절대 살아남을 수 없다.

국적을 불문하고 남녀노소 누구에게나 열려있는 유튜브 시장에서 내가 만드는 콘텐츠의 영향력을 인지하고, 책임감 있는 태도를 가져야 한다. 내 콘텐츠의 저작권만큼 다른 사람의 저작권도 소중하다는 사실을 잊어서는 안 된다.

Lee
And
Park

축구만으로 웃겼더니,
알고리즘이 구독자를 데리고 왔다

"오늘도 알 수 없는 유튜브 알고리즘이 나를 여기로 데리고 왔다."

"아무도 이 영상을 검색해서 들어오지 않았다."

유튜브 시청 시간이 하루 TV 시청 시간을 뛰어넘은 지는 오래고, 하루에 남는 시간은 거의 유튜브에서 보내는 사람이 많아졌다. 유튜브에는 아주 강력한 알고리즘의 세계가 작용하고 있기 때문이다.

유튜브에 접속하고 홈 화면에 뜬 하나의 영상을 시청한다. 영상이 끝날 때쯤 유튜브는 나에게 묻는다.

"너 그거 좋아해? 그럼 이것도 봐봐."

유튜브가 추천해주는 영상의 세계는 무한하다. 우리는 계속해서

182

관심을 끄는 영상을 보며 밤새도록 시간 가는 줄 모른다.

알고리즘이란 '어떤 문제를 해결하기 위해서 정해진 일련의 절차나 방법'이라는 뜻의 정보통신 용어다. 유튜브에서는 이것을 기반으로 하여 내가 관심 있어 하는 분야의 수십 가지 영상을 좌르륵 펼쳐놓는다. 내가 관심사를 '입력'하면 AI가 그에 대한 결과물을 '출력'해주는 것이다. 비단 유튜브뿐만이 아니라 검색 엔진을 이용할 때, 온라인 쇼핑을 할 때, OTT 서비스를 이용할 때도 알고리즘에 의해 관련된 콘텐츠들을 이용한 경험이 있을 것이다.

강력한 알고리즘 안에서 돌고 도는 유튜브 이용자들. 우리는 그 시스템을 120% 활용했다.

여러 가지 콘텐츠를 시도했지만, 우리의 기본적인 정체성은 축구였다. 본격적으로 유튜브로 수익을 내기 시작하면서부터 우리는 축구, 한 우물만 고집스럽게 팠다. 채널의 정체성을 명확히 한 덕분에 유튜브에서 축구 영상을 찾아보는 사람들에게 우리 채널이 빠르게 추천될 수 있었다.

알고리즘이 작용하는 구조에 관해 정확히 알려진 바는 없다. 유튜브가 어떤 영상을, 어떤 채널을 추천해주는지 확실한 방법을 파악하기는 어렵다. 하지만 다년간 유튜브 채널을 운영하면서 우리가 깨달은 바로는, A에 관한 영상을 꾸준히 올리는 채널이 A에 관한 영상을 시청하는 사람들에게 추천될 가능성이 높다는 것이다. 먹방이든, 게임이든, 요리든, 뷰티든, 스포츠든 유튜브에서 특정 채널의 소구 포인트가 무엇인지를 규정할 수 있어야 그것을 좋아하는 시청자들에게 추천해줄 수 있는 것이다. 유튜브를 처음 시작할 때는 여러 가지 콘텐츠를 만들어보면서 어떤 영상이 먹힐지 파악하는 과정을 가져도 좋지만, 추이를 보고 점차 자리가 잡힌다면 한 분야의 영상에만 집중하는 것이 좋다.

우리는 축구 관련 영상만 주야장천 올렸고, 유튜브 내에서 '축구 채널'로 명확하게 입지를 다질 수 있었다. 유튜브 알고리즘은 우리에게 많은 시청자를 데려다주었다. 그렇게 구독자를 확보한 우리 채널 영상의 조회 수도 쑥쑥 올라갔다.

뒤이어 따라오는 것이 바로 CPM이다. 'Cost Per Mile', 즉 재생 수 1,000회당 예상되는 수익을 말한다. 수익 창출을 하기 위한 최소한의 조건인 구독자 수 1,000명, 재생 시간 4,000시간을 달성하면 광고 수익을 얻을 수 있다. 시청자가 한 채널의 영상을 보면, 구글에서는 해당 채널에 일정 금액의 광고비를 환산해준다. 조회 수에 따라 광고 수익이 달라지기 때문에 많은 유튜버가 조회 수 늘리기에 모든 힘을 다한다.

CPM은 주제, 영상의 길이 등에 따라 직접적으로 달라진다. 영상의 길이가 길어지면 광고 노출이 잦아지니 CPM이 올라갈 것이고, 주제는 실구매와 관련 있는 것이 CPM이 높다. 이를테면 먹방이나 요리, 뷰티, IT 등이다. 즉, 광고주가 이 채널과 영상을 통해 얼마나 효과를 얻는지에 수익이 달린 것이다.

이 외에도 동영상의 수, 시청자의 수 등도 CPM에 영향을 미치는데, 그래서 한 분야의 영상을 집중적으로 만드는 것이 중요하다. 알고리즘에 의해 채널이 많이 추천되면 조회 수도, 구독자 수도 늘어나기 쉬워지고, 알고리즘을 통해 들어온 시청자들은 영상을 끝까지 볼 확률이 높다. 시청 지속 시간이 길어지면 자연스럽게 CPM도 높게 책정된다. 광고가 포함된 영상을 1, 2분만 보고 광고를 보지 않은 채 닫는다면 광고의 의미가 떨어지게 되기 때문이다.

우리 영상은 대체로 영상당 시청 지속 시간이 영상 길이의 50%가 넘는다. 해당 영상을 보는 시청자가 영상이었을 때만 가능한 일이다. 본인의 특기를 파악하고 그 부분에 집중해 영상을 찍고 올리는 것이 결국 수익으로 이어지는 중요한 요소다.

축구만으로 영상을 만들고 20만 명의 구독자를 확보했을 때쯤이다. 팟캐스트를 하며 경험했듯 유튜브에서도 점점 한계가 느껴졌다. 쉴 새 없이 영상을 찍고 좋은 반응을 얻었지만, 축구 전문 유튜브로는 구독자 수나 조회 수를 일정 수준 이상으로 올리는 것이 정말 어려운 일이었다. 축구로 30만 내외의 구독자를 확보할 수 있다고 할 때, 먹방으로는 2~3백만, 예능 콘텐츠로는 4~5백만도 가능했다.

축구를 베이스로 빠르게 성장했지만, 정체기를 겪으면서 완전히 다른 분야에 대한 욕구가 생겼다. 우리 채널을 보는 구독자들에게 축구 말고 어떤 이야기를 해줄 수 있을지 고민하며 구독자를 분석했다. 아니, 분석할 필요도 없이 명확했다. 98%가 남자였고, 그중에서도

2~30대 남자가 가장 많았다. 이 나이대의 남자들이 관심 있는 것, 단번에 자동차가 떠올랐다! 그리고 꼭 기존의 구독자들이 아니더라도, 유튜브가 검색 엔진이 된 이 시대에 구독자 20만인 우리 채널의 자동차 관련 영상이 많이 노출될 거라고 예상했다.

결과를 먼저 말하자면 실패였다. 먼저 기존 구독자들의 반응부터 좋지 않았다. 축구 영상 올리지 왜 뜬금없는 콘텐츠를 올리냐는 반응이 많았다. 우리가 간과한 부분이었다. 단지 우리가 좋아서 우리 채널을 보는 사람들도 있었지만, 구독자의 반 이상은 우리가 하는 '축구 이야기'를 듣기 위해서 온 사람들임을 놓치고 있었다.

기존 구독자를 제외하고도 조회 수가 예상보다 훨씬 나오지 않았다. 검색이 잘 안 되나? 알고리즘상 노출이 안 되나? 자동차가 아닌 다른 콘텐츠도 만들어서 올려보자고 종윤이를 다그쳤다. 이 과정에서 종윤이와 한차례 의견 충돌이 있었다. 종윤이는 기존 구독자들의 불만도 많고, 축구 채널이라는 이미지가 희석될지 모르니 다시 축구 영상에 집중하자고 했다. 새로운 시도에 미련이 남은 나는 시간과 노력을 더 투자해봐야 한다는 생각이 강했다. 종윤이는 딱 한 마디로 나를 이해시켰다.

 아무리 축구 영상이 아니라도 왜 이렇게 조회 수가 안 나오나, 거꾸로 생각을 해봤다. 알고리즘에 노출이 안 되는 걸 차치하고라도 이유는 아주 간단했다.

자, 손흥민의 골 영상을 보고 싶은 사람이 있다고 하자. 이 사람은 구독자 500만을 보유한 유명 먹방 유튜버가 올린 손흥민 골 분석 영상과, 구독자 30만의 축구 해설자와 캐스터인 우리가 올린 골 분석 영상 중 어떤 것을 볼까. 마찬가지로 A 자동차 시승기를 보고 싶은 사람이 있다고 하자. 이 사람은 소규모의 자동차 전문 채널에서 올린 리뷰 영상과 유명 축구 전문 채널에서 올린 것 중 무엇을 볼까.

아무리 구독자가 수백만인 유명 유튜버라도 또 다른 전문성이 요구되는 분야에서는 경쟁력을 갖기 힘들다. 한 마디로 우리는 축구 이외의 분야에 전문적이지 않았고, 그 결과는 조회 수로 그대로 드러났다. 주헌이 형은 내 말에 동의했고, 우리는 다른 방법을 모색했다.

뉴미디어 시장에서 축구만으로는 평생 할 수 없으니, 축구 외에 다른 콘텐츠를 하는 게 좋겠다는 의견에는 종윤이도 동의했다. 우리의 결정은 새로운 채널이었다. 축구가 빠진, 오직 예능 콘텐츠를 주력으로 하는 구독자 10만짜리 채널을 만들겠다는 생각으로 〈이스타tvM〉을 개설했다.

우리는 이 채널엔 의도적으로 축구 영상을 절대 올리지 않는다. 축구 영상을 올리는 순간부터 유튜브 알고리즘이 다시 뒤죽박죽될 테니까. 먹방과 게임, 예능 콘텐츠를 위주로 업로드하고 있다. 이 채널의 구독자는 남성 85%, 여성 15%. 〈이스타TV〉에 비해 아주 희망적인 성비다. 그렇게 지금도 〈이스타TV〉에서는 축구인으로, 〈이스타tvM〉에

〈이스타tvM〉 방송 장면.

서는 예능인의 마인드로 채널을 운영하고 있다.

　한 우물만 파는 것이 채널을 성장시키는 데에는 큰 도움이 된다. 하지만 타깃이 극명하게 갈리는 콘텐츠가 메인인 우리 채널처럼, 포지

주식회사 랩추종윤 ▶ 이주헌

셔닝이 너무나 명확해지면 한편으로는 어려움도 생길 수 있다. 다른 시청자들을 끌어들이기 위해서는 새로운 마음으로 더 많은 노력을 들여야 한다. 이것은 우리에게도 장기적으로 풀어가야 할 숙제이다.

작지만 큰 차이,
업로드도 타이밍이 있다

TV에는 프라임 타임이라는 것이 있다. 평일 늦은 밤, 주말 저녁 등 사람들이 TV를 많이 보는 황금 시간대를 말한다. 시청률이 높은 이 시간대의 프로그램에는 앞뒤 광고도 많이 붙고 광고비 역시 비싸다.

본 방송 시간에만 볼 수 있는 TV와는 달리 유튜브는 한번 업로드가 되면 내가 원하는 시간에 언제든지 영상을 볼 수 있다. 라이브로 진행하는 방송 역시 영상으로 남아 다시보기가 가능하다. 하지만 유튜브 세계에도 프라임 타임은 존재한다. 조회 수가 특별히 잘 나오는 업로드 시간대가 따로 있다는 것이다.

우리 채널은 축구로 여러 가지 이야기를 한다. 경기하기 전 미리 예상을 하고, 직접 중계하고, 경기가 끝난 뒤엔 분석해보고, 경기 외에는 갖가지 축구 이슈를 다룬다.

많은 영상을 올리는 우리는 주기적으로 영상들의 조회 수를 확인하며 어떤 영상이 반응이 좋았는지, 왜 좋았는지 분석하는 시간을 가진다. 그러다 이상한 점을 발견했다. 고정적으로 올리는 비슷한 포맷의 영상 중에서 몇 개만 조회 수가 현저히 떨어지는 것이었다. 늘 하던 대로 함께 아이디어를 내서 종윤이가 대본을 완성하고, 나와 종윤이가 출연해 같은 요원이 편집하여 영상 길이도 비슷한 시간으로 맞춰 업로드했다. 찬찬히 살펴보니, 다른 점이 딱 하나 있었다. 영상을 올린 시간이었다. 조회 수가 잘 나온 영상들은 아침 출근 시간, 저녁 퇴근 시간 위주로 올린 반면, 한낮의 업무 시간이나 모두 잠든 새벽에 올린 영상은 사람들의 관심이 덜했다.

하루 중 많은 시간을 유튜브에서 보내는 요즘이지만, 그중에서도 사람들이 유튜브를 자주 이용하는 시간대는 보통 대중교통에 몸을 실은 출퇴근 시간, 그리고 잠자기 전 침대에 누웠을 때일 것이다. 물론 채널마다 시청하는 사람들의 특성이 다른 만큼, 구독자의 성향에 맞는 프라임 타임이 추가로 존재할 수도 있다. 그 시간대를 잘 파악하는 것이 큰 도움이 된다.

그래서 우리도, 우리가 그동안 업로드한 수많은 영상을 토대로 우리 채널의 프라임 타임을 조사해봤다. 우리 구독자들이 좋아하는 시간대는 아침 8시 출근길, 점심을 먹는 오후 1시경, 저녁 6시 퇴근길, 집에 돌아와 식사를 하는 저녁 8시, 그리고 하루를 마무리하는 밤 11시였다. 하루의 시작과 끝, 그리고 귀중한 식사 시간까지 우리를 위해 내어주고 있었다.

그 이후부터는 이 다섯 시간대에 집중적으로 영상을 올렸더니, 분석한 대로 취약 시간대보다 훨씬 조회 수가 잘 나왔다. 하지만 더 의미 있는 효과가 있었다. 시간을 지켜 업로드를 하니 구독자들이 그 시간에 맞춰 우리를 기다리게 됐다. 새 영상이 올라오는 시간이라는 것을 인지하고 그 시간에 유튜브를 켜 우리 채널에 들어오는 것이 습관화된 것이다.

 우리의 영상을 기다려주는 사람들이 생기면서 보람을 느낀 적도 많다. 저녁 시간대에 올린 어떤 영상에서 이런 댓글을 본 적이 있다.

"퇴근하고 집에 오면 혼자 밥 먹어서 심심했는데, 이제 이 시간에 올라오는 형들 영상 보면서 밥 먹으니까 즐거워요."

비단 조회 수만을 위한 일이 아닌 우리의 일상이 됐고, 우리를 기다려주는 구독자들과의 소중한 약속이 됐다.

영상을 자주 업로드하는 것은 중요하다. 유튜브를 이용하는 사람들에게 이 채널이 지속적으로 활동하고 있다는 생동성의 증표다. 하지만 이왕 올릴 영상, 내가 올리고 싶을 때 올리는 것보다 사람들이 원하는 시간에 올리면 관심도가 훨씬 높아지고 이용자들도 바로 영상을 볼 수 있으니, 그야말로 누이 좋고 매부 좋은 것 아니겠나.

그런데 우리에겐 예외적인 프라임 타임도 존재한다. 정해진 시간 이외에도 영상을 꼭 올려야 할 때, 긴급한 이슈가 발생했을 때다. 해외 리그에서 뛰는 우리나라 선수에 관한 소식이 생겼거나 유명 선수가 이적했거나 리그 우승팀이 확정됐거나 하는 경우 말이다. 축구 영상은 그 특성상 휘발성이 강하다. 어떠한 이슈가 터지면 그로부터 하루에서 이틀 사이에 우르르 관심이 몰리고 그에 관한 이야기를 소비한 다음 언제 그랬냐는 듯이 흩어진다. 스포츠 분야는 대개 그렇다.

그렇다면 유튜버는 계획을 모두 미뤄둔 채 이에 발맞춰야 한다. 아주 잘 찍은 영상을 멋들어지게 편집해놓고 한 시간 뒤 사람들에게 선보이기만을 기다리고 있는 상황에, 갑자기 전 세계 축구 팬을 자극하는 이슈가 터졌다면 순서는 뒤바뀐다. 장비를 세팅할 새도 없다. 휴대폰으로 후다닥 촬영해 편집 없는 '生 영상'을 올릴지라도 그 이슈가 먼저다. 만약 대기하고 있는 영상이 너무나 아까워 계획대로 먼저 업로드한다면 '축알못' 되는 건 시간문제다. 화려한 그 영상에는 온통 '왜 그 이슈 안 올라와요?', '그 이슈 다뤄주세요' 등의 댓글들이 도배되며 초라한 영상으로 전락할 것이다. 몇 날 며칠을 공들여 찍고 다듬은 영상일지라도 더 큰 이슈 앞에선 일단 무용지물이다.

 (이 책이 나올 때쯤엔 이미 지난 일이 됐겠지만)최근에 맨체스터 시티의 징계 해제로 축구계가 시끄러웠다. 맨체스터 시티가 재정적 페어플레이를 위반했다는 이유로 유럽축구연맹이 출전금지와 벌금 징계를 내렸지만, 맨시티가 곧바로 스포츠중재재판소에 항소했다. 5달 뒤, 맨체스터 시티는 항소심에서 승리했고, 출전금지 징계가 풀리면서 챔피언스 리그 출전이 확정된 사건이었다. 당연히 이 결과에 따라 축구 팬들 사이에선 갑론을박이 벌어졌다. 결

과가 나오자마자 서둘러 자료를 모아 촬영을 해서 거의 무편집
본 상태로 업로드했다. 상관없다. 그 영상은 12시간 만에 조회
수 15만을 가볍게 돌파했으니 성공한 것이다. 다른 영상들보다
1.5배 이상 조회 수가 빠르게 올라갔다. 업로드 타이밍이 이렇게
중요하다.

그렇기 때문에, 다른 분야도 마찬가지겠지만 특히 스포츠 유튜버
는 스포츠계에서 일어나는 모든 소식을 꿰고 있어야 한다. 트렌드 파
악은 시기적절한 영상 업로드로 이어지고, 이는 곧 조회 수와 직결된
다. 가장 빠르게 팬들이 원하는 이야기를 해줘야만 그들에게 소비될
수 있다.

나와 종윤이도 눈 떠서 눈 감을 때까지 발생하는 축구 소식을 하나
하나 놓치지 않고 확인하고 있다. 자랑을 한마디 덧붙이자면, 우리 채
널에 올라오는 영상들만 챙겨 봐도 유럽부터 국내까지 축구판이 어떻
게 돌아가는지 다 알 수 있을 거라 자부한다.

업로드 타이밍을 시스템화하는 일은 주로 내가 맡는다. 보통 한
달 단위로 영상 업로드 계획을 미리 세운다. 콘텐츠의 내용과 업
로드 시기 등에 대한 한 달의 계획을 대략적으로 잡고 나서, 다시
주 단위로, 일 단위로 계획을 세분화한다. 제작팀장과 함께 논의
하며 상황에 따라 업로드 순서를 바꾸기도 하고, 업로드 시간을
조금씩 당기거나 늦추기도 한다. 그 과정은 커뮤니티와 뉴스 기

사들을 확인해 트렌드를 시시각각 살피면서 이루어진다. 잠을 줄여가며 이슈에 뒤처지지 않는 것이, 축구 팬들에게 정확하고 빠르게 축구 소식을 전달하는 우리의 임무다.

소통의 창구이자 책임감의 상징, 커뮤니티 이용

　우리는 어떤 계획이 있고, 영상의 업로드가 빨라지거나 늦어지고, 우리 채널에 무슨 일이 생겼는지, 이 모든 걸 영상으로만 통보하는 채널은 매력 없다. 개인 방송 플랫폼의 가장 큰 장점은 콘텐츠 제작자와 소비자 간의 쌍방향 소통이다. 유튜브에만 있는 '커뮤니티'라는 작고 소중한 창구를 잘 활용해보자.

　눈을 씻고 찾아봐도 내 유튜브 채널에서는 커뮤니티 탭이 안 보일 수도 있다. 커뮤니티 기능은 아무에게나 허락되는 것이 아니다. 구독자 수 1,000명을 달성해야 유튜브에서 커뮤니티 탭을 생성해준다. 게시물로 팬들에게 감사를 전하라는 메시지와 함께. 많은 구독자를 보유하게 되었으니 소통을 게을리하지 말라는 유튜브의 선물과도 같다.

　커뮤니티는 개인 SNS와 마찬가지로 사진과 짧은 동영상, 글을 올릴 수 있고 설문조사 기능도 있다. 커뮤니티를 통해 팬들에게 안부를 전하고 대화를 하고 의견도 물을 수 있는 것이다. 커뮤니티에 글을 올리면 구독자의 유튜브 첫 화면에서 커뮤니티 글이 먼저 보이게 된다. 영상보다도 먼저 구독자들에게 다가갈 수 있다.

우리 채널이 커뮤니티를 활용하는 경우는 대부분 두 가지다. 첫 번째는 공지 게시판의 역할이다. 축구가 있는 기간을 기준으로 하루 평균 5개의 영상을 올리는 우리는 개수가 조금이라도 줄어들게 되면 커뮤니티에 공지를 올린다. 평소와 다른 양에 걱정하거나 기다리고 있을지 모를 구독자들에게 현 상황을 명확하고 자세하게 전달해야 하기 때문이다.

또, 구독자와 함께 채널을 꾸릴 수도 있다. 시청자의 참여가 필요한 콘텐츠를 계획하고 있을 경우 커뮤니티를 이용해 미리 시청자들의 의견을 모아 도움을 받는다. 또한 새로운 콘텐츠를 제작하고 싶을 때, 시청자들은 어떤 콘텐츠를 원하는지 커뮤니티에서 정보를 얻을 수도 있다. 실제로 많은 유튜버가 이러한 과정을 통해 영상을 제작하고 있는데, 실험적인 콘텐츠로 유명한 미국의 한 유튜버는 커뮤니티 투표로 800만 시청자의 의견을 수집해 영상을 만들기도 했다.

특별한 이벤트가 있을 경우, 홍보의 목적으로도 사용한다. 이벤트의 참여를 독려하거나, 새로 업로드될 영상의 짧은 예고편을 GIF 형식으로 만들어 커뮤니티에 올려 구독자들의 기대를 모으기도 한다.

두 번째는 영상에서 실수가 있었을 경우, 가장 솔직하게 입장을 전달할 수 있는 공간으로 활용한다. 나는 어느덧 12년 차 방송인이고, 개인 방송의 역사는 그보다 훨씬 길다. 종윤이 또한 차곡차곡 쌓은 방송 경력이 10년을 바라보고 있다. 나름 베테랑 방송인들이지만 방송을 하다 보면 우리도 모르게 실수를 하기 마련이다. 라이브로 진행하는 방송은 당연히 그 위험이 더 크고, 편집 과정을 거친 후 업로드한 영상이라도 우리가 미처 파악하지 못한 문제점이 있을 수 있다. 정보의 정확성 여부를 확인하지 못한 채 업로드를 할 때도 있고, 특히 내 경우는 방송에서 웃음을 주려는 욕심이 앞서 간혹 과격하거나 경솔한 발언을 하기도 한다. 아무리 봐도 아무렇지 않은 것 같아 보이는 부분도 시청자들은 불편하게 느낄 수 있다. 또는 우리의 말이나 행동이 아닌, 기술적인 문제 때문에 크고 작은 방송사고도 생긴다.

그럴 때 나와 종윤이의 생각은 같다. 얼렁뚱땅 넘어가지 않고, 최대한 빠르고 확실하게 입장을 표명해야 한다는 것이다.

미디어에 얼굴을 비추는 많은 유명인이 공식 석상에서의 부적절한 언행, 또는 방송 외적으로 물의를 일으키는 경우를 우리는 자주 목격한다. 대중이 원하는 사과란 변명이 아니다. 하루 이틀 시간이 지나길 기다리다 하는 수 없이 뱉는 '죄송합니다'도 아니다. 본인이 직접 문제를 깨닫고 난 후 반성의 의미를 담아 진심으로 전하는 대응의 행동이다.

영상을 기본으로 하는 유튜버들은 영상을 찍어 올리는 것이 더 쉬울 수도 있다. 잔뜩 풀이 죽은 표정으로 카메라 앞에서 감정을 가득 섞어 말하는 영상 말이다. 하지만 그것보다도, 때론 진심을 담은 글이 더 진정성 있게 다가갈 수 있다.

잘못이 있었다면 에둘러 말하지 않고, 핑계처럼 들리지 않도록 잘못을 인정하고, 개선 의지를 담은 글을 커뮤니티에 올린다. 재사과가 없도록 첫 번째 사과에서 확실하게 정리하도록 한다. 구독자들은 우리에게 여러 유형의 피드백을 보낸다. 우리는 따끔한 충고와 따뜻한 응원을 받으며 다시 힘을 얻는다.

이렇듯 커뮤니티는 소통의 공간이다. 우리는 이런저런 소식들을 전하기 위해 한 달에 2번 정도는 커뮤니티를 통해 구독자들을 만나고 있다. 영상으로 마주하는 것과는 또 다른 친밀감을 느낄 수 있는 커뮤니티는 시청자와의 상호 작용을 극대화할 수 있는 중요한 수단이다. 우리가 더 다양한 방식으로 커뮤니티를 이용해야 하는 이유다.

시청자들은 크리에이터들과 소통하는 것을 생각보다 좋아한다. TV를 보듯 일방적으로 콘텐츠를 제작하고 일방적으로 소비하는 것이 아닌, 함께 만들어가고 함께 소비하는 형태. 개인 방송이니까, 내가 이 채널의 주인이니까 내 마음대로 한다는 마인드는 요즘엔 절대 통하지 않는다. 뱉은 말을 지키지 않거나 시청자의 의견을 존중하지 않는 채널은 미래가 없다.

유튜브에서 구독을 끊고 다른 채널로 가는 일은 너무나 쉽다. 딸깍 딸깍, 클릭 단 2번이면 되는 일이다. 채널 구독으로 마일리지가 쌓이는 것도 아니고, 구독을 취소한다고 페널티가 주어지는 것도 아니다. 크리에이터는 시청자들에게 지속적으로 신경을 쓰고 있다는 이미지를 주는 것이 굉장히 중요하다.

아프리카TV를 오래전부터 했던 주헌이 형은 사실, 피곤하면 방송 한 번쯤 안 하고, 방송하다가 그만하고 싶을 때 방송을 종료하는 것은 개인 방송 하는 사람의 덕목이라고 말했었다. 시대가 바뀌고 시청자들의 니즈에 따라 형도 태도가 달라졌다. 우리 채널 커뮤니티에서 굵직굵직한 소통은 주로 내가 하지만, 형도 구독자들과의 소통에 많은 노력을 쏟고 있다. 서툴지만 조금씩, 천천히 다가가고 있다.

우리 채널은 어느새 30만 구독자를 돌파했다. 그리고 서브 채널은 5만 명 달성이 머지않았다. 누군가는 많다고 하겠지만, 또 누군가는 적다고 할 수도 있다. 구독자 숫자보다 더 의미 있는 것은, 우리 채널은 구독자 대비 조회 수가 높다는 것이다. 몇백만 구독자를 두고 조회 수는 그 1/10도 안 되는 채널이 허다하다는 점을 감안했을 때, 한 영상당 구독자 1/3 정도의 조회 수가 나오는 우리는 꽤 내실 있는 게 아닐까.

꾸준히 우리 채널을 찾아주는 사람이 많음에 큰 보람을 느끼며, 축구 그리고 축구가 아닌 콘텐츠들을 성실하게 만들어가다 보면 어디까지 오를 수 있을지 우리도 궁금하다.

TIP ────────────────────────────────

① 마이크 고르기

- 음성 장비는 가격이 천차만별이라 욕심을 내면 한도 끝도 없다. (주)랩추 종윤의 경우 크게 음성 콘텐츠(팟캐스트)와 영상 콘텐츠(라이브 방송, 유튜브 등)를 제작하는데, 적합한 마이크를 찾기 위해 다양한 시도를 해봤다. 가격적인 이유 때문에 처음엔 모두 다이내믹 마이크를 사용했고, 이후 콘덴서 마이크로 교체했다. 팟캐스트 방송 같은 음성 콘텐츠를 주로 제작하고자 한다면 가격이 높은 콘덴서 마이크를 굳이 구비할 필요는 없다. 다이내믹 마이크는 가격도 싸고 내구성도 좋으며 오히려 미세한 잡음이 들어가지 않아 목소리만 담기 좋은 면도 있다. 4~5만 원만 돼도 충분히 좋은 성능을 낼 수 있고, 이보다 저렴한 제품들도 많다. 미세한 음향도 모두 재생하고자 하고 전문적인 녹음이 필요하다면 콘덴서 마이크를 쓰는 것이 좋다. 다만 확실한 방음이 돼야 하고, 실외 용도로는 부적합하며 내구성도 떨어진다. 그리고 무엇보다 가격이 비싸다. 오디오테크니카의 AT-2020은 10만 원 초반의 가격으로 높은 가성비를 보여주는 제품으로, 많은 크리에이터들이 사용한다.

② 믹서?

- 게임 방송을 하는 크리에이터를 예로 들어보자. 게임 소리는 필수, 크리에이터의 목소리도 들어가야 하며 뉴미디어 플랫폼에서 제공하는 효과음(도네이션 음성 등)도 넣어주면 좋고, 게임을 쉬는 소통 시간에 깔아두는 음악도 들어가야 한다. 이런 다양한 음향을 혼합해 볼륨을 조정하고 출력해주는 것

이 '오디오 믹서'다. 많은 소스를 받을 수 있는 믹서는 가격대가 높지만, 마이크 1~2개와 PC에서 나오는 소스 정도면 되는 경우라면 10만 원 후반대에서 찾을 수 있는 믹서도 많다. 야마하 제품을 많이 쓰는데, AG-03 모델이 흔히 사용된다.

③ 방음의 중요성

- 뉴미디어를 보고 듣는 소비자들에겐 점점 모바일이 메인이 되고 있고, 모바일 이용자들은 이어폰을 통해 음성을 듣는다. 특히나 요즘처럼 노이즈 캔슬링 기술이 발달되고 있는 상황에 크리에이터가 만들어내는 방송의 음질은 꽤 중요하다. 방음이 되지 않은 곳에서 울리는 소리는 소비자 입장에서는 굉장히 불편한 요소다. 음성 콘텐츠의 경우는 특히나 그렇다. 음질이 차지하는 비중이 감히 10중 3 이상이라 해도 과언이 아니다. 큰 소리를 내야하는 콘텐츠를 제작하는 경우라면 방음은 이웃의 신고를 막기 위해서라도 중요한 부분. 규모가 커져 전문적인 방음 부스를 설치하기도 하지만, 셀프 방음 스펀지를 쓰는 것도 방법이다. 자신이 방송할 공간에 방음용 흡음재를 붙일 공간을 계산해서 구매하면 되는데, 1m x 2m짜리에 만 원이 안 되는 합리적인 가격으로 찾아볼 수 있다.

④ 캠은 뭘 써야지?

- 만약 비주얼이 중요한 콘텐츠를 만든다면 캠도 중요하다. 최근엔 아웃포커싱 등의 기능을 활용해 예쁜 화면을 만들 수 있는 DSLR을 캠으로 이용

하는 방송도 늘어나고 있지만, 초심자의˙경우 가격이 부담스러울 수 있다. 로지텍에서 나온 스트리밍용 캠은 가격대도 다양하고, 여전히 많은 크리에이터가 가장 무리 없이 쓰고 있는 제품이다. 10만 원 안팎의 제품군부터 20만 원이 훌쩍 넘어가는 제품도 있다. 일단 시작하는 데 있어서는 10만 원 초반 정도의 제품으로도 충분하다.

⑤ 크로마키

- 게임 방송을 만들 때 몰입감을 주고 싶다면 크로마키를 이용하는 것도 추천한다. 초록색-파란색 스크린을 배경으로 깔고, 그 색깔을 날려 본인이 송출하는 화면에 합성하는 방식으로, 흔히 날씨 뉴스에서 자주 볼 수 있는 기법이다. 캠 화면이 게임 화면에 들어갈 경우 화면을 가려 몰입도가 떨어지는 경우가 간혹 있다(물론 초대형 크리에이터 중엔 여전히 크로마키를 굳이 쓰지 않는 경우도 굉장히 많다). 요즘엔 크로마키 커튼이나 크로마키 스탠드도 비싸지 않은 가격에 구매할 수 있고, 초록색 천을 사서 뒤에 붙여놔도 똑같은 효과를 낼 수 있다. 크로마키 효과는 어떻게 구현하냐고? XSplit에 당연히 탑재되어 있다.

주식회사 랩추종윤 ▸ 이주헌

Chapter 6

주식회사
랩추종윤

내 업무 스타일을 확실히 알지 않으면
번아웃에 빠지기 쉽다.
모든 일을 주도적으로 해내야 하는 프리랜서에겐
계획적으로 행동하는 것이 가장 중요하고,
그 계획은 나에게 맞게 세워
그에 따라 행동하는 것이 최선이다.

MCN 회사의 제안과
법인 전환의 기로,
우선순위를 따져라

아프리카TV와 팟캐스트, 유튜브까지. 아직 '이주헌' 이름으로 된 개인사업자의 형태였지만, 여러 플랫폼을 넘나들면서 우리가 하는 일의 규모도 점점 커졌다. 나는 이제 친구와 하던 사업과 방송을 더 이상 병행할 수 없었다. 물리적인 시간이 없는 건 당연했고, 개인 방송에만 매진해도 충분히 승산이 있을 것 같았다. 수익적으로나 사업적으로나, 개인 방송에 집중하는 편이 훨씬 더 확실한 미래가 보였다. 특히 2019년 들어 우리는 유튜브에 많은 시간과 노력을 쏟았다. 그에 따라 수입은 쭉쭉 늘어났고, 그와 동시에 미래에 대한 생각도 차츰 늘어났다. 어떤 식으로 사업을 이어 가는 게 맞는지, 어떤 새로운 일을 해야 하는지도 고민해야 했다.

그런 여러 가지 상황 때문에 우리는 법인 전환을 고려하고 있었다. 쓸데없는 고민을 덜고 더 좋은 콘텐츠를 생산하는 데 집중하기 위함이기도 했다. 마침 함께 〈주책남들〉을 진행하던 손수호 변호사에게 자문을 구했고, 작게나마 회사를 즉 법인을 만들 타이밍이라는 이야기를 들었다.

우린 우리만의 물건을 판매해보고 싶었다. 왜, 인기 아이돌들 보면 '굿즈'라고 하는 그들만의 유니크한 상품이 있지 않나. 옷이나 문구류, 휴대폰 케이스 등 그 종류도 각양각색인 굿즈는 단순한 상품의 의미를 넘어 스타와 팬 사이의 결속감, 그리고 팬덤을 상징하는 자부심의 결정체다. 우리 팬덤도 그 몸집이 상당히 불어나고 있었으니, 그들에게 우리가 공동체라는 의미를 무언가로 선보이면 좋겠다, 〈히든풋볼〉 그리고 〈이스타TV〉의 이름을 담은 우리만의 물건을 만들어 팔아보고 싶다는 생각은 그렇게 시작됐다.

방송에서 축구 외적으로도 다양한 수다를 떠는 우리는, 이런 계획 이야기를 방송 중에 가볍게 흘렸다. 얼마 뒤 한 청취자에게 메일이 왔다. 유통업에 종사하고 있다며 본인이 도울 수 있으면 좋겠다는 내용이었다. 우리도 판매 분야의 일은 해본 적 없었기에 그 메일 한 통은 든든한 힘이 됐다. 조력자도 기다리고 있고 어떤 물건을 팔지 계획도 세웠는데, 개인사업자의 형태로는 새 사업의 허가를 받는 과정이 까다로웠다. 그리고 명의자인 형은 사업적인 면에서 일 처리 속도가 내가 원하는 바와 거리가 있다. 공동명의로 법인을 차리면 잡다한 사무적인 일을 잘 처리하는 내가 맡아서 할 수 있으니 훨씬 수월할 것 같았다.

법인 전환 과정에서 크고 작은 주변의 도움이 많았다. 우리는 전문 방송인 출신임에도 개인 방송이라는 새로운 시장에서 바닥부터 다시 시작해 차근차근 올라온 나름의 스토리가 있어서인지 응원해주는 사람이 많았다. 더구나 한 사람이 아닌 두세 명이 팀으로 오랫동안 활동하는 크리에이터는 흔치 않은데, 어디에도 없는 케미를 뿜내는 우리를 많은 분이 지지해주셨다. 방송을 오래 하다 보니 우리는 몰랐던, 우리에게 도움을 줄 수 있는 사람들이 주변에 많이 있었던 것이다.

2019년 7월, 주식회사 랩추종윤으로 우리는 두 번째 시작을 알렸다.

랩추종윤, 이 독특한 이름엔 사연이 많다. 먼저 '랩'은 청취자의 아이디어였다. 우리 두 사람의 성을 따서 LEE and PARK, 줄여서 LAP이 된 것이다. 발음이 같은 연구소(lab, laboratory)의 의미도 담을 수 있어 마음에 들었다. 다음 '추'는 주헌이 형의 별명인 추멘에서 따왔고, 내 이름도 들어가야 한다는 형의 뜻에 따라 담백하게 '종윤'을 붙였다. 그래서 '랩추종윤'.

 술에 취한 채로 종윤이와 메신저를 하다 만들어진 이름이다. '랩'까지만 정해 놓은 상태에서 농담 삼아 추를 넣고 종윤을 붙인 것이다. 소파에 누워 '랩추종윤 ㅋㅋㅋㅋㅋ', '완전 웃기다', 'ㅋㅋㅋ ㅋㅋ 이걸로 하자'라는 내용의 메시지를 주고받았던 기억이 생생하다. 나는 종윤이가 진짜로 그 이름으로 법인 신청서를 낼 줄은 몰랐다.

다음날 11시쯤 눈을 떠 종윤이에게 전화를 걸었다.

"야, 법인 신청 했나? 설마 랩추종윤으로?"

"예."

"아, 그걸 왜 그냥 보냈어?"

"형이 하라며!"

그 이후 회사 이름 때문에 단 한 번도 창피하지 않은 적이 없었다. 도장을 파러 가도, 통장을 개설하러 은행에 가도 "랩추종윤? 이게 뭐예요?"라며 사람들은 우리의 이름을 신기해했다. 차라리 물어보면 속 시원하게 설명이라도 할 텐데, 이상하다고 여기면서도 굳이 묻지 않는 경우는 더 민망했다. 진지하게 받아들이지 말고 가볍게 물어봐 주길 바랐다. 형 역시 계약서에 회사 이름을 쓸 때마다 두근두근거린다고 했다. 그리고 실제로 형이 법인명을 쓰면서 귀가 토마토 색깔이 되는 모습을 나는 옆에서 지켜보곤 했다. 세상 어디에도 없는 '주식회사 랩추종윤', 그 아래서 우리는 한층 더 체계화된 콘텐츠들을 생산해냈고, 우리만의 독보적인 감성이 담긴 상품들을 판매하는 쇼핑몰도 운영하게 됐다.

법인 전환을 하고 얼마 지나지 않아 몇 군데 MCN 회사에서 함께하자는 제안을 받았다. MCN(Multi Channel Network)은 말하자면, 크리에이터들의 소속사 같은 것이다. 1인 미디어 시장이 폭풍 성장하면서 광고 수익을 올리는 채널이 많아졌고, 이런 채널을 운영하는 크리에이터들을 관리해주기 위한 목적으로 MCN 업체도 많이 생겨났다.

나나 형이나 MCN에 대한 생각은 한 번도 해본 적이 없다. 구독자 수 20만도 안 됐던 우리가 뭐라고, 연예인처럼 이들의 관리를 받는단 말인가. 그런데 우리에게 연락을 준 회사는 꽤 큰 MCN 회사였고, 매일 꼬박꼬박 영상을 올리고 영상마다 높은 조회 수가 나오는 우리 채널을 '가장 생동감 있는 채널'이라고 표현했다. 얘기를 자세히 들어보니, 전반적인 광고 영업을 맡고, 콘텐츠 기획과 편집 등의 업무를 지원해주는 대신 우리 수익의 일부를 가져가는 형태였다. 업무 지원과 동시에 스케줄 관리부터 차량, 매니저까지 우리를 연예인처럼 케어해주겠다는 회사도 있었다.

우리는 MCN 회사에서 들어온 모든 영입 제의를 거절했다. 규모는 좀 작지만 우리는 이미 회사의 형태를 갖췄고, 체계적인 운영 시스템과 앞으로의 확고한 계획까지 준비되어 있었다. 크리에이터로서 요구되는 모든 업무를 우리 스스로 해결할 능력이 있었기에, 수익을 나눠 가지면서까지 매니지먼트를 받을 필요는 없었다.

 4년 동안 산전수전 겪으며 1인 미디어 시장에서 버텨온 우리는 웬만한 일은 스스로 해결할 수 있는 이른바 '짬바'가 생겼다. 나와 종윤이는 그동안 우리의 월급을 떼서라도 필요한 자리에 알맞은 사람을 앉혀왔고, 그 덕분에 인력 풀을 많이 넓혀놓은 상태였다. 출연진도 직원도, 주변에 우리와 함께 일할 수 있는 사람이 넉넉했다. 만약 법인을 만들지 않은 상태였더라도 우리는 MCN에 들어가지 않았을 것이다. 똑같은 비용이 들 거라면 우리가 정말 필요로 하는 사람을 직접 물색해 정당한 급여를 지불하는 편이 낫다는 생각이었다.

이건 단지 우리의 경우다. 넓게 본다면 MCN은 크리에이터가 더 크게 성장할 수 있도록 도움을 주고 힘을 실어주는 곳임에는 분명하다. 콘텐츠 기획과 제작에 있어서 교육의 기회가 제공되고, 전문가의 도움도 받을 수 있다. 이로써 질 높은 다양한 콘텐츠를 만들 수 있고, 또한 혼자 해결하기 버거운 일들을 처리할 수도 있다. 유튜브에서 가장 중요한 저작권 문제가 특히 그렇다. 혼자서 유튜브 채널을 운영한다면 저작권의 굴레에서 자유롭기 위해 많은 시간과 노력을 들여 공부해야 하지만, MCN 업체들은 대개 법률 자문 서비스를 제공하며 이를 돕는다. 이에 더해, 내 콘텐츠에 대한 저작권 관리도 받을 수 있다. 그 외에도 각종 스케줄을 관리해주고 다양한 활동의 기회를 열어준다. 또한 유명 크리에이터들과 한 회사에 소속되어 활발하게 교류, 협업하며 소속감을 얻을 수도 있을 것이다.

하지만 그에 상응해 내 소득을 나눠야 하고, 중도에 회사를 나갈 시에는 위약금을 물어야 할 수도 있다. 종종 회사에서 얻어오는 내가 원치 않는 광고를 해야 할 경우도 있을 것이고, 많은 크리에이터가 소속된 만큼 온전히 관리받는 것이 사실상 어려울 수도 있다.

나날이 생겨나는 대형 크리에이터들에 발맞춰 MCN 시장도 그 규모가 날로 커지고 있다. 꾸준히 양질의 콘텐츠를 생산하는 크리에이터라면 MCN 업체의 러브콜을 받게 될 가능성이 높다. 뉴미디어 시장을 먼저 경험해본 우리의 견해로는 이제 커나가는 단계이거나 혼자 모든 것을 할 수 있는 준비가 덜 된 크리에이터라면 MCN의 손을 잡는 것이 큰 도움이 될 수 있다. 하지만 자기 힘으로 꾸려나갈 자신이 있다면, 어떤 결정이 더 나을지 상황에 맞춰 잘 생각해보고 현명한 선택을 해야 할 것이다. 모든 일에는 일장일단이 있음이 인생의 진리다.

랩추종윤이 있기까지,
우리와 함께한 수많은 조력자들

　　우리가 커다란 MCN 회사의 제안에도 흔들리지 않았던 이유 있는 자신감, '이스타 유니버스'라 불리는 우리의 수많은 게스트 덕분이었다. 주헌이 형과 내가 공동 대표로 회사를 차리고 지금까지 운영해오고 있지만, 우리 방송을 함께 꾸리는 화려한 출연진들이 없었더라면 이 자리까지 올라오긴 쉽지 않았을 지도 모른다. 그 어떤 축구 방송보다 다양하고 끈끈한 출연진들은 우리의 자랑이고 자부심이다. 범위를 더 넓혀서 축구 카테고리가 아니더라도, 아마 우리만큼 게스트를 활발하게 활용하는 개인 방송 채널은 많지 않을 것이다.

　　마음이 맞는 사람 여럿이 모이면 훨씬 강력한 시너지가 나오기 마련이다. 목소리가 많으면 보는 사람도 한결 덜 지루하다. 일주일에 10개의 영상을 찍는다고 가정했을 때, 그 영상들에 모두 출연해야 한다면 힘이 들 수밖에 없다. 피로감을 방송에서 드러내는 건 시청자들에게 실례지만, 막으려 해도 어쩔 수 없는 경우가 있다. 여러 명이 나눠서 영상을 찍는다면 그런 불상사도 줄일 수 있다. 멀리 봤을 때, 다양한 콘텐츠를 만들기에 혼자나 둘의 힘으로는 역부족이다. 수많은 크리에이터들이 오늘도 활발하게 합동 방송을 하는 이유다.

이런 형의 기조가 지금의 '이스타 유니버스'를 만들었다고 해도 과언이 아니다. 혼자 아프리카TV를 시작한 지 얼마 되지 않아 기덕이 형을 불렀고, 그러다 나를 만나 지금까지 온 것처럼, 형은 우리 식구를 늘리는 일을 게을리하지 않았다. 우연인 듯 시작해 필연이 된 우리의 크루를 소개한다.

가장 먼저, 〈히든풋볼K〉의 든든한 버팀목이자 우리의 가족 같은 게스트, 김환 기자.

세리에 A와 라리가 전문 방송 〈히든풋볼SL〉의 주축인 축구계의 고인 물, 박찬우-송영주 해설위원.

〈주책남들〉이 성공적으로 자리 잡는 데 크게 기여한 손수호 변호사, 우리의 주력 콘텐츠인 프리미어리그에 힘을 실어주고 있는 황덕연-임형철 해설위원. 랩추종윤의 주제가 프로젝트를 시작으로 우리와 손을 맞잡은 나의 친구 김간지. 그리고, 우리의 팬임을 밝히며 남루한 스튜디오를 찾아준 보이비와 여러 연예인 친구들까지.

이 모든 사람의 도움을 받으면서 감사한 마음과 함께, 우리가 인간 관계를 나름대로 잘 쌓아왔다는 보람도 느낀다. '착한 사람 콤플렉스'가 있는 나는 사람들에게 내 감정을 철저하게 숨기는 타입이다. 어릴 때부터 부모님의 기대에 반하는 행동을 하지 않았고, 타인에게도 부정적인 정서를 드러내는 걸 극도로 꺼려왔다. 주헌이 형은 나만큼은 아니지만, 타인에게 불필요한 불편을 주지 않는 사람이고, 한번 마음에 든 사람에게는 무한한 애정을 주는 타입이다. 사회생활에서 적을 만들지 않고 무난하게 잘 살아온 덕분에, 우리가 손을 내밀었을 때 거절하는 사람은 아무도 없었다.

축구 기자나 해설위원들과는, 우리가 방송국을 드나들며 쌓은 인맥을 활용해 섭외할 수 있었지만, 축구와 전혀 접점이 없는 〈주책남들〉 멤버들을 만난 건 조금 특별했다. 〈주책남들〉은 딱 4명의 멤버를 생각하며 기획했고, 나와 주헌이 형의 조합에 신선함을 더해줄 새 멤버 2명이 필요했다. 주헌이 형은 문득 생각나는 사람이 있다고 했다. 그중 한 명은 NBA를 맡고 있는 조현일 해설위원이었다.

10년 전쯤, 조현일 해설위원과는 한 방송에서 농구 전문가와 축구 전문가로 만났다. 우연히 동아고 출신 선수의 얘기가 나와서, "역시 동아고 출신들이 잘하죠~, 제가 동아고 나왔잖습니까."라고 애드리브를 쳤다. 옆에 있던 조현일 해설위원이 나를 빤히 바라보며 "동아고 나왔어요?" 하는 것 아닌가. 알고 보니 그는 동아고 1년 선배였다. 뜻밖의 동문을 만난 우리는 반갑게 연락처를

주식회사 랩추종윤 ↳ 박종윤

교환했지만, 서글서글한 성격이 아닌 탓에 따로 연락을 주고받진 않았다. 그 후 한 회식 자리에서 우연히 만나게 됐는데 취중 진담 이라고, 깊은 대화를 나눠보니 선배는 굉장히 선한 사람이었고, 유머러스하지만 선을 잘 지킬 줄 알았다.

〈주책남들〉을 계획하면서 나도 모르게 선배의 얼굴이 떠올랐 다. 다방면으로 수다를 떨기에 참 잘 어울릴 것 같았다. 처음으로 전화를 걸어 같이 방송을 해보자고 제안했고, 영입에 성공했다.

남은 한 자리는 시사 분야에 최적화된 사람이었으면 싶었다.
"손수호 변호사가 해주면 참 좋을 텐데."
"야, 미쳤냐? 손수호가 우리랑 왜 하냐. 입장 바꿔서 내가 손수호라 도 안 하겠다."

손수호 변호사는 축구 광팬이었다. 우리 〈히든풋볼〉의 애청자라는 사실도 알고 있었다. 하지만 TV와 라디오 등 각종 방송에서 활발하게 얼굴을 비추는 유명인이었던 그가 우리 방송에 함께해줄 리가 없다고 생각했다. 우리가 보기에 그는 거의 '연예인'이었다.

그러다 어느 날, 손수호 변호사에게서 정말 갑자기 연락이 왔다.

 케이블 라디오 방송을 준비하고 있었는데, 방송국 근처라며 만날 수 있냐고 했다. 축구를 좋아해서 나랑 만나보고 싶나보다 생각 하고 나갔지, 다른 기대는 없었다. 시간 가는 줄 모르고 우리 방

송에 관해 얘기하다가, 〈주책남들〉을 새로 준비 중인데, 시사
전문가 섭외하기가 쉽지 않다는 말이 자연스럽게 나왔다. 아무
런 흑심도 없었다. 그런 거물에게 제안의 말은 절대 목구멍으로
나오지 않았다.

"그래요? 그거 제가 할 수 있을까요?"

듣자마자 먼저 말을 꺼내주다니, 할렐루야. 놀라서 되묻는 나
에게 그는 어려운 일도 아닌데 왜 안 되겠냐고 했다.

같이 지내본 손수호 변호사는 우리보다도 더 축구를 사랑하는 사
람이다. 순수하게 스포츠로서 축구를 즐기는 진정한 축구 팬. 여가로
더 폭넓게 축구를 즐기고 싶은 바람에 우리를 도와주고 싶은 마음이
더해져 함께하고 싶다는 말을 먼저 건넸단다.

몇 년 만에 연락해 다짜고짜 꺼낸 출연 제의에도 오히려 고맙다며
손을 잡아준 조현일 위원, 모든 걸 내려놓고 함께해준 손수호 변호사,
그리고 멤버가 다 정해지고 난 뒤 작가로서의 역량을 발휘해보고 싶
다며 의욕을 보여준 환이. 이 모두의 노력 덕분에 축구가 아닌 새로운
콘텐츠를 순조롭게 시작할 수 있었다.

우리가 특별히 나쁜 사람이 아니기 때문이기도 하지만, 출연자들
에게 떳떳하게 대우를 해주려는 노력도 있었다. 형은 늘 "라디오 방송
보단 더 주자"고 말했다. 방송을 하면서 부당한 대우를 몸소 겪어봤기
때문에 적어도 우리는 그러지 말아야 한다는 생각이 지금까지도 뚜렷

하게 박혀있다. 축구 전문가로서 라디오에 나오면 단 몇만 원, 전화 연결을 하면 심한 경우엔 출연료가 없기도 했다. 단 몇 분 출연일지라도 최소 한 시간 전에는 리허설을 하고 대기해야 하는 것을 감안하면 부당한 대우가 분명했다.

우리는 그렇게 하지 않기 위해, 벌이가 많지 않았을 땐 사비를 나눠주면서까지 출연자들을 챙겼고, 법인을 차리고부터는 정당한 출연료를 보장했다. 그래야 다양한 출연자가 우리 방송에 나오는 걸 꺼리지 않을 테니까.

그러다 보니 '전문성'도 우리의 강력한 무기가 됐다. 세상엔 수많은 축구 팬이 있고, 그들의 니즈를 모두 충족시키기 위해선 광범위하게 축구를 파고들 필요가 있었다. 하지만 우리와 환이 형은 기존에 하던 프리미어리그와 K리그만 다루기에도 솔직히 벅찼다. 세리에 A, 라리가 등 다른 리그들까지 모니터하며 방송을 하는 것은 사실상 불가능이었고, 오로지 방송만을 위해 대충 공부했다간 '축알못'이라고 욕을 먹기 십상이었다. 그래서 전문가를 등판시켰다. TV 중계를 하며 오랜 인연이 있었던 이탈리아 축구 전문가 박찬우 위원, 그리고 스페인 축구는 송영주 위원에게 맡겼다. 둘째가라면 서러울, 아니 어쩌면 각 분야 최고인 두 사람이었다. 내가 장난삼아 '축구계의 고인 물'이라고 소개하곤 하지만, 그만큼 축구를 오래 봐온 사람들이라는 뜻이 내포되어 있는 것 아니겠나. 그 별명엔 내 존경의 의미도 담았다, 진심이다.

프리미어리그와 K리그 전문가들도 추가로 합세했다. 처음부터 지금까지 추구해오고 있는 '재미와 전문성', 이 정체성이 흐려지지 않도록 조력자들과 함께 최선을 다하고 있다.

물론 그만큼 출연료는 많이 나간다. 하지만 당장 눈에 보이는 금액적인 문제는 전혀 손해가 아니다. 전문적인 방송이라는 이미지를 구축하기 위한 정당한 대가일 뿐이다.

많은 조력자 덕분에 더 많은 콘텐츠를 개발할 수 있고, 어려울 때 도움을 받을 수도 있다. 시청자들 역시 우리 둘만의 케미와는 별개로 새로운 인물과 만들어내는 호흡에도 열광한다. 둘이서는 절대 못 만들 그림들이 제3의 멤버들과 함께라면 무궁무진하다. 인생 혼자라고? 아니다. 적어도 개인 방송은 모두와 함께 만들어가는 세상이다.

공동 대표지만 일하는 방식은
각자의 성향에 따라

주헌이 형은 〈히든풋볼〉이 한참 인기가 높아지면서 나에게 이런 말을 했었다.

"나는 사실 이렇게까지 축구 볼 생각은 없었다?"

유튜브에 본격적으로 뛰어들고 나서도 마찬가지. 형은 영상 콘텐츠를 만든다는 자체에 재미를 느끼고 시작했던 건데, 막상 일로 바뀐 순간 적잖이 스트레스를 받았을 것이다. 나는 반대다. 흥미를 가져야 무언가를 시작하는 형과 달리, 일로서 다가오고 그에 따른 정신적 혹은 물리적 보상이 있어야 100%의 노력을 쏟는 타입이다. 그래서 우린 늘 이렇다. 형이 먼저 여러 가지 일을 벌이면, 내가 그중에서 싹이 보이는 것을 골라 구체화한다. 형은 일을 즐기면서 하고, 나는 일만 집중해서 한다.

법인을 만들고 그 롤이 조금 더 확실하게 나뉘었다. 형이 기발하다면 난 철두철미하다. 그런 맥락에서, 전반적인 회사 운영에 관한 업무는 내가 주로 맡는다.

 회사를 차리고 사업도 커지고 안정적인 생활을 누릴 수 있는 건 종윤이의 공이 크다. 우리가 빠르게 성장하면서 내가 가장 견디기 힘들었던 점은 종윤이의 일이 엄청 많아졌다는 것이다. 종윤이는 팟캐스트만 하던 시절에도 준비에 일주일을 쏟았는데, 유튜브에 올라가는 영상은 만드는 대로 수익으로 이어지고, 또 팬들이 우리의 영상을 기다리고 있으니 종윤이는 성격상 시간을 단 1분 1초도 허투루 쓰지 못한다. 경기가 연달아 있는 주간이면 집에 일주일씩 못 가는 건 일상이었다. 맑고 뽀얗던 피부가 푸석푸석해진 걸 보면 속상하다. 일 좀 줄이고, 나처럼 쉬엄쉬엄하자는 말을 200번은 했을 것이다. 종윤이는 말을 안 듣는다.

솔직히 내가 형보다 많이 일하는 것은 사실이다. 형은 항상 미안해하지만, 나는 아무렇지도 않다. 누가 시켜서 하는 일도 아니고, 스스로 강박처럼 일하는 것에 전혀 불편함이 없는 나는 오히려 쉬고 있으면 더 불안하다.

앞서 말했지만, 뭐든 열심히 하지 않으면 내 인생에서 다시 돌아가고 싶지 않은 그때로 돌아갈 것만 같은 불안감이 어렴풋이 남아있기 때문이다. 그래서 형에게는 늘 고마운 마음이 크다. 내가 일이 없을 때

주식회사 랩추종윤 ↳ 박종윤

같이 방송을 해보자고 손 내밀어주고, 지상파 방송에도 출연하게 도와준 유일한 사람이다. 농담 반 진담 반으로 하는 얘기지만, 우리가 일을 열심히 해서 형이 서울에 집을 사게 된다면 참 좋겠다.

또 일을 줄일 수 없는 이유는, 여긴 일을 하는 대로 결과가 나오는 시장이기 때문이다. 직장생활을 하면서 힘든 요소는 열 손가락 안에 꼽을 수 없겠지만, 그중 하나는 내가 일하는 만큼 그에 비례하는 돈을 벌지 못한다는 것이다. 100만큼의 일을 하면 100만큼의 급여를 받길 원하지만, 대부분의 사람은 80에도 채 미치지 않는 월급을 받으면서 울며 겨자 먹기로 회사에 다닌다. 사기가 뚝뚝 떨어지니 일을 열심히 할 의욕도 점점 잃어간다.

그런데 내가 일하는 만큼 그대로 통장이 찬다? 쉴 수가 없다. 평소보다 적게 일하면 그만큼 수입이 줄어든다. 월급 삭감은 뼈를 깎는 고통과도 같다는 걸 우리는 모두 잘 알고 있지 않은가.

워커홀릭인 내가 대표로 있으니 직원들에게 뜻하지 않게 미안한 상황이 연출되곤 한다. 직원들이 아침 출근할 때 나는 밤을 새우거나 이미 새벽부터 나와서 눈만 겨우 끔뻑거리며 컴퓨터 앞에 앉아있다. 나이 차이도 그렇게 많이 나지 않는 대표가 회사에서 가장 일을 많이 하니 본의 아니게 부담을 주고 있는지도 모르겠다. 이 자리를 빌려서 절대 부담 갖지 말라고 말하고 싶다.

종윤이는 애초에 나와는 목표치가 다르다. 내 목표가 5층이라면 종윤이는 30층이다. 나는 만족이 쉽다. '이 정도면 됐다' 하며 쉬고 싶을 땐 쉬기도 하는, 유연한 생각을 갖고 일하지만, 종윤이는 좀처럼 만족하는 법이 없다. 사실 그래서 우리 회사가 돌아간다는 것에는 이견이 없다. 내 목표치를 100% 채운 것보다도 종윤이가 목표를 반만 달성한 것이 더 성과가 크니까.

그래서 공동 대표로서 보조를 맞추기 위해 종윤이의 스케줄을 따라 해봤다. 아침 7시 꽉 막힌 출근길을 뚫고 회사에 나오고, 해가 이미 자취를 감춘 늦은 밤 집에 돌아갔다. 일주일쯤 했나, 점심나절에나 일상을 시작하는 프리랜서 생활을 오랫동안 해왔던 나에겐 너무나 벅찼다. 도저히 계속할 수 없어서 종윤이에게 터놓고 얘기를 했다. 나는 아침에 나오는 것도, 네가 하는 일의 양을 따라가는 것도 너무 힘들다고.

이런 스케줄 소화가 형에게 무리라는 것을 잘 몰랐다. 서로의 업무 스타일이 다르다는 것을 잠시 잊고 있었던 것이다. 형의 생활 패턴상, 내가 생각하는 것 이상으로 훨씬 힘들어했고, 그때 서로의 차이를 확실히 깨닫게 됐다. 형은 여유를 갖고 일을 해야 능률이 오르는 사람이다. 본인 컨디션에 따라 텐션의 고저가 심한, 전형적인 예술가 타입이다. 일에 있어서도 형은 출연자로서 카메라 앞에 섰을 때 능력을 200% 발휘하는 사람이다. 내가 크리에이터로서 제작자 마인드가 앞서는 것과는 차이가 있다.

우리는 형이 편하게 일하는 것이 좋겠다는 방향으로 결론을 지었다. 특히나 형은 일보다도 중요한 가정이 있기에 나처럼 일에 매진하는 것이 불가능하다. 아직은 한참 아빠가 필요한 어린아이들이 있고, 남편이 필요한 형수가 있는 한 집안의 가장이기도 하다.

나와 형은 그렇게 서로의 상황을 이해하고 받아들였지만, 시청자들은 아니었다. 새벽 경기 중계를 나 혼자 하거나 영상에 형이 나오지 않거나 나와서 조금이라도 피곤한 모습을 보일 때면 질타가 쏟아졌다.

'이스타TV? 박종윤TV 아니야?'

'이주헌은 일 안 하고 뭐 하고 있나.'

나는 내가 원해서 많이 일하는 건데. 사람들이 우리를 비교하는 상황이 부담스러웠다.

종윤이에 비할 순 없지만, 나도 그 어느 때보다 일이 많이 늘었고 내가 할 수 있는 최대치를 하고 있었다. 사람들의 비난이 계속되자 유치하게도, 오히려 종윤이에게 화가 났다. 일 좀 쉬엄쉬엄하라니까, 괜히 나만 불성실한 사람처럼 보이는 것 같았다. 스트레스가 극에 달해 아내에게 종윤이 흉도 봤다. 걔도 가정이 생기면 지금처럼 일 많이 못 할 거라고, 한번 두고 보자고. 아마 열심히 하고 있다는 걸 인정받고 싶어서, '너도 충분히 잘하고 있어'라는 위로를 바랐나 보다.

다음 날 출근해서 열심히 일하는 종윤이를 보며 후회가 밀려왔다. 유튜브 수익이 통장에 입금되면 미안함은 극도로 커졌다. 결국 종윤이도 우리 회사를 위해서 일하는 건데, 내가 내 얼굴에 침

뱉은 격이었다. 우리는 서로 맞춰가고 알아가는 일련의 과정을 겪으면서 더욱 단단해졌다.

　　사이는 돈독해지고 형을 다 이해했다고 생각했지만, 아니었다. 형은 골프를 배우면서부터 달라지기 시작했다. 형의 업무 스타일도, 가정 때문에 일을 줄이는 것도 온전히 이해할 수 있었다. 하지만 골프에 빠지기 시작하면서 스케줄을 골프에 맞추는 일이 잦아졌고, 이건 도저히 용납할 수가 없었다. 지극히 개인적인 취미를 위해서 일을 조금이라도 소홀히 하는 건 원치 않았다. 형은 그런데, 원래 그런 사람이었다. 뭔가에 빠지면 끝장을 보는 사람. 새로 나온 햄버거에 꽂히면 질릴 때까지 그것만 먹고, 만화 하나에 빠지면 지칠 때까지 보는 사람이었다. 보통 그런 경우, 일주일 안팎으로 지쳐서 돌아왔으니 골프도 그럴 줄 알았다. 내 오산이었다. 골프를 전도시킨 조현일 해설위원이 원망스러울 정도였다.

　　오후에 형과 영상 촬영을 하기로 한 날이었다. 그날도 형은 골프를 치러 갔는지 보이지 않았다. 시간에 맞춰 형이 사무실로 돌아왔고, 나는 잔뜩 화가 났지만 일단 이번 촬영만 열심히 해주길 바라면서 스튜디오에 들어갔다. 그런데 웬걸. 그날 형은 말 그대로 날아다녔다. 골프를 치려고 새벽부터 일어났을 텐데 전혀 피곤한 기색도 없이 최근 본 중 가장 좋은 텐션으로 가뿐하게 촬영을 마쳤다. 끝나고 들어보니 그날 골프를 되게 잘 치고 왔다는 것이다. 화가 금세 누그러지면서, 내가 형을 잠깐 놓치고 있었음을 깨달았다. 본인이 하고 싶은 것을 해야 오히려 본업에 집중할 수 있는 사람이라는 걸. 자유를 주고 충분한 여유를 줘야 능률을 쏟아낼 수 있는 사람이라는 걸. 나처럼 궁지로 몰았다가는 이도 저도 안 된다는 걸.

그래서 나는 그 사실을 잊지 않기 위해서 형에게 꽤 값나가는 골프 웨어를 선물했다. 이 옷 입고 골프 잘 쳐서 일도 늘 오늘처럼만 해주길 바라는 메시지임과 동시에, 나에게 거는 최면이기도 했다.

만약 개인 방송을 둘 이상이서 하게 되거든 꼭 서로를 먼저 이해하라는 말을 전하고 싶다. 이 분야가 아니더라도 동업이 어렵다고 하는 게 괜한 말이 아니다. 같은 성향의 사람일 필요는 없지만, 서로의 스타일을 잘 알고 원만하게 맞춰가는 과정이 반드시 필요하다.

혼자 개인 방송을 하더라도 내 업무 스타일을 확실히 알지 않으면 번아웃에 빠지기 쉽다. 무조건 일을 많이 하는 것도, 무조건 슬렁슬렁 하는 것도 정답은 아니다. 모든 일을 주도적으로 해내야 하는 프리랜서에겐 계획적으로 행동하는 것이 가장 중요하고, 그 계획은 나에게 맞게 세워 그에 따라 행동하는 것이 최선이다.

콘텐츠의 수치화가
수익의 불확실성을 줄인다

대표라는 직함을 얻고 보니 단지 방송만 할 때보다 해야 할 일이 훨씬 많다. 하루 24시간이 모자랄 만큼 신경 써야 하는 회사 운영 업무가 한두 가지가 아니다. 다행히 이 사업을 키워가는 일은 나에게 잘 맞고, 때로는 방송을 하는 것보다 더 재미있기도 하다. 그래서 업무가 기하급수적으로 늘어나도 크게 지치지 않고 일할 수 있다.

수많은 업무 중 내가 항상 주시하고 있고, 가장 많은 시간과 노력을 쏟는 부분이 있다. 회사의 수익이다. 공동 대표로서, 우리에게 딸린 식솔들과 출연자들까지 안전하게 책임지려면 열심히 벌어야 하는 것이 당연한 일. 그런데 이 업계에서 가장 큰 단점 중 하나는 수익이 불안정하다는 것이다. 유튜브 시장이 잠재력은 크지만, 어떤 달에는 많이 벌고 또 어떤 달에는 또 적게 번다. 매달 꼬박꼬박 정해진 월급을 받고, 일정 기간이 지나면 급여가 인상되는 여타 직장인들과는 달리, 여긴 매달 고정적으로 들어오는 수입이 보장되지 않는다. 열 길 물 속은 알아도 한 길 시청자 속은 모르는 것이다.

　나는 이런 불안정함을 극도로 싫어한다. 불확실한 시기를 겪으면서 강박이 생겼고, 뭐가 어떻게 될지 모르는 불안함 속에서는 더 이상 살고 싶지 않았다. 이번 달은 천만 원을 벌고 다음 달은 한 푼도 못 버는 것보다, 이번 달과 다음 달 모두 백만 원씩 버는 게 차라리 나았다. 안정적인 것을 좋아하는 보수적인 성향의 사람이 되어버린 것이다. 그래서 방법을 고안했다. 불확실한 이 세계에서 수익을 확실하게 유지할 수 있는 방안, 모든 콘텐츠를 수치화해서 수익으로 연결하는 것이었다.

　'이미지가 안 맞아', '목소리가 더 좋았으면', '요만큼, 좀 더 재밌는 거 뭐 없나?' 아나운서 시험에서 수차례 탈락을 반복하면서 이런 류의 평가에 질릴 대로 질려있었다. 주관적인 견해가 포함된 기준에 맞춰야 하는 것은 생각 이상으로 지겨웠다. 시험에 탈락할 때마다 생각했다. 모든 일에 기준이 되는 수치가 있다면 아주 명료할 텐데. 이를테면, '얼굴 길이는 몇 cm 안에 들어와야 하고, 목소리의 음계는 '레'에 맞추고, 몇 데시벨 이내로 내야 합니다' 같이.

　물론 이건 불가능하다는 것을 잘 안다. 하지만 적어도 내가 하는 사업에선 정량적으로 접근해 모든 게 숫자로 명확하게 보이길 바랐다. 그리고 그것을 최대한 실행하려고 했다. 팟캐스트에서 순위에 집착하고, 재생 수에 집착하고, 유튜브 영상 개수에 집착하며 조회 수에 집착하는 게 이런 나의 성향에서 비롯된 것이다.

유튜브에서 생기는 수익을 받아보니 제법 괜찮았다. 이 괜찮은 수익이 이번 달에서 끝나면 안 되는 일. 더군다나 우리는 회사를 운영하는 입장으로서 다음 달에도, 그다음 달에도 비슷한 수준의 수익을 유지하는 것이 중요했다. 직원들의 월급과 게스트들의 출연료, 그리고 사무실 월세와 관리비, 각종 계약 관련 비용 등, 돈과 관련된 모든 일을 원활하게 처리하기 위해서는 기대 수익을 정해놓아야 했다. 그래서 유튜브 수익이 과연 어떻게 생겼는지 세세하게 분석했고, 거꾸로 생각해야 한다는 것을 알았다.

흔히 그렇듯 콘텐츠를 만들고, 그 콘텐츠의 양과 질을 따져 얼마의 수익을 예상하는 것이 아니다. 우리가 먼저 얻은 수익을 보고 거기서 콘텐츠를 생각하는 것이다. 어떤 콘텐츠를 몇 개 정도 만들어야 이 만큼의 수익이 나올 수 있는지.

일단 지난달에 유튜브에 올린 영상들을 살펴봤다. 하루에 몇 개씩, 우리가 올린 영상은 한 달에 총 몇 편이었고, 그 영상들이 얼마만큼의 조회 수를 기록했는지를 파악했다. 그리고 총 수익을 영상의 개수로 나눠보니 영상 하나당 평균값을 알 수 있었다. 물론 조회 수에 따라 수익에 차이는 있지만, 다행스럽게도 우리 채널에 올라간 영상들은 대개 조회 수도 비슷했다. 하늘과 땅 차이로 조회 수가 떨어지는 일은 많이 없었고, 지금도 그렇다.

한 영상에 평균 얼마가 보장되는지 알았으니, 다음 달에 우리가 기대하는 수익을 내기 위해서는 몇 개의 영상이 필요한지 계산이 가능했다. 혹시 조회 수가 안 나올 것을 대비해 한두 개의 영상을 더 추가

하는 것도 괜찮았다. 그리고 거기서 다시 거꾸로 들어가 보면, 하루에 무조건 올려야 하는 영상 개수가 나왔다. 이 과정에서 리그별 경기 일 정이나 중요한 축구 이벤트들을 고려해 일간, 주간, 월간으로 영상 제 작 계획을 짰다.

팟캐스트도 마찬가지였다. 유료화가 된 이후 〈히든풋볼〉도 〈주책 남들〉도 수익이 매달 꼬박꼬박 생기고 있었다. 역시 거꾸로, 수익의 추이를 보면서 우리가 한 달에 몇 회의 방송을 업로드 해야 하는지 분 석했다. 유료지만 꾸준히 결제하고 들어주는 청취자들이 있었기에 이 역시 가능할 수 있었다. 우리 팟캐스트는 주 1회 정규 녹음을 하고, 그 사이에 호외가 추가되는 형태다. 만약 수익을 충족시키지 못할 때는 호외를 더 올리거나 추가 녹음을 진행해 고정적인 수익을 낼 수 있도 록 했다. 사건에 맞춰 콘텐츠를 만들고 수익을 내는 것이 아니라, 수익 을 내기 위해서 사건을 만들어 콘텐츠를 개발하는 방향이었다.

그런데 1년 내내 축구 경기가 있는 것은 아니지 않은가. 시즌이 끝 나면 축구로는 할 얘기가 현저히 줄어든다. 영상 콘텐츠는 뭐라도 보 여줄 수 있으니 꼭 경기가 없더라도 비교적 제작 범위가 넓지만, 팟캐 스트는 다르다. 방송거리가 없을 때는 수익도 줄어든다. 다행스럽게 도 전 세계 리그가 한날한시에 시작하고 끝나는 게 아니기 때문에 시 즌 중인 리그의 이야기를 조금 더 늘려서 녹음하거나, 그것도 쉽지 않 을 땐 영상 콘텐츠의 개수를 늘려 팟캐스트의 공백을 메운다. 회사의 한 달 전체 수익을 정해놓으니 거기에 맞춰 플랫폼 간의 조율도 문제

없었다.

철저하게 콘텐츠를 수치화해 조절하고 그에 맞춰 제작하니, 정확하진 않아도 매달 비슷한 고정수익을 챙길 수 있었다. 어떤 콘텐츠가 인기를 얻을지는 섣불리 예상할 수 없지만, 최소한 콘텐츠의 양은 크리에이터가 충분히 컨트롤할 수 있다. 우리가 운영하는 채널에 콘텐츠가 많은 이유, 그리고 그 양이 줄지 않고 꾸준한 이유다.

양도 양이지만, 양질의 콘텐츠는 기본이다. 아무리 평소와 똑같은 개수의 영상을 만들어 올려도 그 질이 다르다면 수익은 절대 같지 않다. 내가 잘하면 잘한 만큼 호응을 얻고 보상이 돌아오지만, 못하면 못한 대로 확실하게 질타를 받는 세계가 바로 여기다. 그래서 난 요즘 하루에 3시간만 자고 일해도 피곤하지 않다.

구인의 어려움:
능력이 먼저냐, 사람이 먼저냐

법인을 시작할 당시, 우리는 3명의 직원과 함께였다. 사무실을 얻기 전부터 만났던 2명의 친구 그리고 한 명은 나와 같이 사업을 했던 바로 그 친구다.

법인 전환을 하고 나면 방송 외적인 회사 업무도 봐야 하는데 그걸 내가 다 할 순 없는 노릇이었다. 누가 좋을까 하다, 형이 갑자기 옆 사무실에 있는 내 친구가 하면 어떻겠냐고 얘기하는 거다. 싹싹하고 일도 잘하는 것 같더라며 같이 일해보자고 했다.

어릴 때부터 볼꼴 못 볼꼴 다 보고 지낸 사이긴 하지만, 우리 사업에 친구를 끌고 오자니 쉬이 결심이 서지 않았다. 그렇지만 그 친구도 하던 일이 잘 안 풀리고 있던 터라 넌지시 물어만 보았다. 옆 사무실에서 우리를 봐왔던 덕분인지 친구는 선뜻 받아주었다.

조촐하게 5명이서 시작했던 우리, 지금은 대가족이 되었다. 대표인

233

우리를 포함해 14명의 남자가 모여 랩추종윤을 꾸려가고 있다.

기대 수익을 충족시키려면 정해진 기간 안에 많은 콘텐츠를 만드는 게 중요했다. 기존의 직원 3명으로는 역부족이었다. 쇼핑몰 운영에 있어서도 유통이나 마케팅 분야의 전문 인력이 필요했는데, 다행히 그쪽은 우리의 오랜 팬 중 하나가 함께하게 되며 새로운 팀이 꾸려졌다.

가장 많은 인원이 필요했던 건 역시 영상 파트였다. 일단, 원래 우리가 찍던 축구 영상은 이미 노하우가 쌓여있었다. 최소한의 시간과 비용으로 최대치의 효율을 낼 수 있도록 시스템화되어 있었기 때문에 사실 많은 요원이 필요치 않았다.

문제는 콘텐츠를 확장하면서부터였다. 먹방이나 외부 촬영 등 기존에 해보지 않았던 포맷을 제작하기 위해서는 구성도, 촬영도, 편집도 완전히 다른 방식이 요구됐다. 더 많은 시간과 인력이 필요했다. 예능 콘텐츠 하나 준비하는 데 축구 영상 3개 나오는 시간이 걸리는 것이다. 기존의 시청자들은 축구 영상이 평소보다 덜 올라와 불만이 생기고, 우리는 우리대로 영상 개수를 못 맞춰 수익에 손실이 생기는 문제가 발생했다. 방법은 딱 하나였다. 요원을 늘리는 것.

같이 일할 사람을 뽑는다는 게 얼마나 어려운 일인지, 회사를 운영하는 자리에 있으면서 몸소 느꼈다. 우린 3개월 단기 프로젝트가 아니다. 끝나면 안녕, 하고 헤어질 사이가 아니기 때문에 새로운 사람 한 명을 들이는 데에도 신중을 기해야 했다. 자세히 보아야 예쁘고, 오래 보아야 사랑스럽다는 시 구절처럼 우리도 그런 사람을 찾고 싶었다.

그리고 사람 됨됨이만큼 일을 잘할 수 있는지도 당연히 따져야 했다. 능력과 사람, 그 중간 어디쯤의 절묘한 위치를 늘 고민했다.

 현재의 능력은 기본만 할 수 있으면 된다는 게 우리의 기준이었다. 천체 망원경으로 우주를 관측하는 연구소도, 고귀한 생명을 다루는 병원도 아니다. 우리가 원하는 인재상은 전문성이 요구되는 엄청난 실력자가 아니라 뉴미디어에 익숙하고 트렌드에 깨어 있는, 그리고 어느 정도 우리에 대한 이해가 있는 사람이면 됐다.

사람은 쉽게 말해 '둥글둥글한 사람'. 개성이 너무 강하지도 않고 우리와 잘 어울릴 수 있는 사람, 그리고 우리를 배신하지 않을 사람을 원했다. 우리 회사는 아주 튼튼한 공장이 아니다. 중간에 한 곳이 잘못됐다고 해서 그 부분만 싹둑 잘라내고 새로 끼워 넣으면 되는 형태가 아니다. 한 사람에게서 문제가 발생하면 전체가 영향을 받는 소규모 회사고, 밖으로도 금세 파장이 일만큼 유기적으로 연결되어 있는 업계다. 믿음직스러운 사람인지 꼭 알아봐야 했다.

좋은 사람인지 나쁜 사람인지 깊은 속내까지는 알 수 없지만, 면접에 임하는 태도나 메일에서 보이는 최소한의 성의 등에서 '우리와 맞는 인재'인지 정도는 파악이 됐다. 결국 구인을 할 때 가장 핵심은 일 잘하는 사람, 못하는 사람, 착한 사람, 덜 착한 사람의 문제가 아니라 '우리와 얼마큼 잘 맞느냐'였다.

우리는 사람을 구할 때 각종 구인구직 사이트에도 글을 올렸지만, 유튜브와 팟캐스트 방송에서도 그 사실을 알렸다. 그 덕분인지 운 좋게도 우리 회사에 지원한 사람 대대수가 우리 방송을 듣고 보는 친구들이었다. 축구를 좋아하고, 우리가 하는 콘텐츠에 관한 이해도가 높은 친구들. 우리와 성향이 비슷한 친구들이 많이 와줬고, 그 덕에 일도 빨리 적응해 순조롭게 사업을 이어가고 있다.

막상 면접을 보러 오면, 일반적인 회사들에 비해서는 작은 우리 사무실의 모습에 놀랐을지도 모른다. 사무실의 형태는 갖추고 있지만, 여전히 아주 쾌적한 환경은 아니니까. 그럼에도 기대에 찬 얼굴로 들어와서 면접이 끝나면 항상 팬이라고 이야기하며 사무실을 나가는 친구들이었다. 남자들만 모여 있기에 좁다면 좁은 이 사무실에서 즐겁게 일하는 모습을 보면, 사람을 잘 뽑았구나 하며 느끼는 보람과 흐뭇함이 있다.

직원을 늘렸으니 계획했던 콘텐츠들을 제작하게 되고, 그만큼 일이 늘어나고, 우리가 하는 일도 많아졌다. 악순환인가? 아니다. 사업적으로 완전한 선순환이다. 많은 일을 해낼 수 있을 만큼의 인력이 생겼고, 그에 따라 회사의 규모도 조금씩 커지는 것이다. 결과적으로 직원들의 급여로 나가는 비용은 더 많은 수입을 다시 회사에 가져다주는 셈이다.

 종윤이에게는 자주 했던 말이지만, 나는 의아했다. 나는 대표가 됐고, 직원도 이렇게나 많이 불어났는데 왜 내 일도 늘까. 대표는 보통 가장 크고 편안한 의자에 앉아 결재서류에 사인만 하는 사람, 여유 시간이 많아 여가생활을 즐기는 그런 그림, 드라마에서 많이 봐왔지 않나. 직원이 많은 회사일수록 더더욱. 그런데 우리 회사는 반대로 가는 모양새인 거다.

조금만 생각해보니 당연한 결과였다. 우리는 한 회사의 대표이기도 하지만, 콘텐츠 크리에이터였다. 우리가 부지런히 활동해야 직원들도 할일이 생기고, 성과를 낼 수 있는 구조인 것이다.

형은 정말 드라마에 나오는 재벌, 대기업의 대표들을 생각했나 보다. 내가 아는 제대로 된 중소기업의 대표들은 회사에서 가장 많은 일을 한다. 모든 의사 결정을 대표가 해야 회사가 잘 굴러가는 거니까. 그래서 회사의 규모가 커짐에 따라 우리의 일도 덩달아 늘어나는 것이 한 번도 이상하다고 생각하지 않았다. 그래서 우리 회사가 이 친구들에게 참 좋은 회사였으면 좋겠다. 직원들만 일하는 회사가 아닌, 10살 정도밖에 차이 나지 않는 '형'이라 부르는 대표들과 같이 일하고 같이 성장하는 그런 회사로 여겨졌으면 좋겠다.

직원들에게 회사에 대해 좋은 이미지를 갖게 하는 것은 정말 중요하다. 어차피 사람 관계는 돌고 돈다. 이 세계는 매우 좁고, 이미지로 먹고사는 곳이라 해도 틀린 말이 아니다. 안에서 인정받는 회사만이 밖에서도 인정받을 수 있다. 크리에이터와 팬에서 시작된 이 인연을 조금이라도 안 좋은 기억으로 망가뜨리고 싶지 않다.

이 친구들은 회사 차원에서 가장 가치 있는 수익이기도 하다. 숙련

된 직원이 떠나는 건 회사에 치명적인 타격을 입힌다. 새로운 사람을 구하고 뽑고 일을 익히기까지의 과정에서 오는 손실의 규모는 상상 밖이다. 심사숙고해서 고르고 고른 이 친구들에게 만족스러운 근무 환경을 제공해 오랫동안 같이 걸어가는 것이 안정적인 매출을 유지하는 첫 번째 방법이다.

언젠가 직원들에게 회사를 나가고 싶다는 얘기를 듣게 된다면 적 잖이 슬플 것 같다. 정도 들었지만, 내가 이들에게 만족을 주지 못했다는 미안함과 회사를 잘못 운영하고 있을지도 모른다는 걱정이 뒤섞인 그런 기분일 것 같다.

 어쨌든 랩추종윤의 궁극적인 목표는 지금 있는 직원들과 최대한 오래 같이 일하는 것, 그뿐이다. 애들아, 내 마음이 들리지?

주식회사 랩추종윤 ▸ 박종윤

어떻게 내 사람을 만들 것인가
동기부여 시키는 3가지 방법

직원들을 어떻게 관리해야 할지는 내가 가장 신경 쓰고 있는 부분 중 하나다. 이 친구들은 적어도 그맘때 내가 했던 것과 같은 고민은 하지 않길 바랐다. 경제적인 문제와 자아실현 사이의 괴리. 100만 원 초반대의 적은 월급을 받으면서 넉넉한 생활이 힘들었고, 지역방송국과 스포츠 케이블방송을 거치면서, 큰 방송국에 대한 갈망도 있었다. 많은 스태프가 지켜보고 있는 넓은 스튜디오에서 방송을 하면 더 잘할 수 있을 것 같다는 아쉬움이 나를 항상 괴롭혔다.

직원들이 나와 같은 가치관을 갖고 있다면, 혹여나 더 좋은 방송국에서 이 친구들에게 제의라도 오는 건 큰일이었다. 만약 거기로 가고 싶다고 하면 우리에겐 잡을 권리도 명분도 없으니 말이다. 굳이 붙잡지 않아도 이 친구들이 남고 싶어 하는 회사가 되는 게 유일한 방법이자 예방책이었다.

오랫동안 같이 일하기 위해서는 깊은 소속감과 만족감을 줘야 한다. 어떻게 하면 그럴 수 있을지 고민하다가, 동기부여 시키는 3가지 방법을 생각해냈다.

먼저 첫 번째, 금전적인 보상이다. 당연한 이야기지만 돈 싫어하는 사람이 어디 있을까. 자원봉사자가 아니고서야 급여만큼 좋은 것이 없다.

다른 유튜브 채널의 편집자들은 얼마를 받는지 정확하게는 알 수 없다. 확실한 건 보통 정액제로 월급을 받는다는 것. 우리는 정해진 월급이 많다고는 단언할 수 없지만, 전체적으로는 섭섭지 않게 급여를 주고 있다고 자부한다. 여기에 더해 차별점을 뒀다. 우리는 기본급에 인센티브를 포함해 한 달 급여를 주는데, 유튜브에서 얻는 수익에서 정해진 %를 나눠주는 것이다.

많은 회사에서 직원들에게 '주인의식을 갖고 일하라'고 말한다. 나는 그것만큼 무책임한 말이 없다고 생각한다. 직원들에게 무슨 지분이 있나. 내 회사가 아니고 내가 주인이 아닌데, 주인의식을 가지라는 건 애초에 말이 안 되는 말이다. 그러나 주인은 아니지만, 주인의식을 가졌을 때 그만큼의 대가가 더 주어진다면 얘기는 달라진다. 이 회사가 잘돼야 나도 잘된다는 생각을 심어주려는 게 인센티브의 목적이었다.

그렇게 하니 우리가 기대했던 효과들이 나타났다. 직원들은 영상을 찍고 편집해서 올린 뒤, 사람들의 반응에 집중하기 시작했다. 반응이 안 좋은 영상에는 왜 조회 수가 안 나오는지 누가 시키지도 않았는데 분석을 하는 것이다. 편집이 이상한지 아니면 내용이 덜 재미있었느지 서로 피드백을 하면서 책임감을 갖고 더 질 좋은 콘텐츠를 만들기에 열정을 쏟았다.

그리고 여기에 한 가지 더, 콘텐츠에 대한 아이디어를 내면 그에 따른 인센티브도 추가로 보장해줬다. 축구 영상에서 이제 나와 주헌이 형의 아이디어는 한계가 있다. 이 친구들은 직원이기 이전에 우리 영상의 시청자였기 때문에, 시청자의 시선에서 우리 채널에 필요한 콘텐츠들을 파악할 수 있을 거라고 생각했다. 그동안 보고 싶었던 톡톡 튀는 콘텐츠를 생각해내고, 정식으로 채택이 돼서 영상을 제작하면 그 영상으로 얻은 수익의 일부분도 추가로 지급한다. 본인의 콘텐츠라는 자부심을 갖고, 스스로 구성을 하고 카메라 구도도 잡아보면서 창의적으로 일한다.

직원들의 급여로 나가는 비용이 많아지면, 회사로서는 손해일 것 같지만, 아니다. 직원들은 어떻게 하면 채널을 더 활성화할 수 있을지 늘 연구하고 노력한다. 전체 수익에서 당장은 마이너스가 나더라도, 결과적으로는 우리 채널이 더 잘 되는 길이다. 직원들도, 우리 회사도 더 성장하는, 누이 좋고 매부 좋은 일이다.

두 번째는, 프라이드를 세워주는 것이다. 전 세계 많은 사람이 소비하는 콘텐츠를 만드는 자리라는 자부심을 심어주기 위해선 그에 걸맞은 환경을 만들어주는 것이 중요하고, 이것은 아주 기본적인 것에서부터 시작한다.

직원들이 사무실에 하나둘 자리를 잡고 얼마 지나지 않았을 때였다. 한참 내 일에 집중하다가 고개를 쓱 들었는데, 직원들이 쓰레기통

분리수거를 하고 있는 것이다. 이 친구들이 우리 회사에 영상 제작자로 왔지, 청소하러 온 게 아닌데.

"너희 분리수거 하지 마. 차라리 내가 할게."

그 후로 우리는 업체를 불러 사무실을 청소한다. 우리가 영상 제작자로 대우하고 있으니 본래 업무에만 열중하라는 뜻이다. 콘텐츠 제작 이외의 다른 일을 신경 쓰게 하는 것은 옳지 않다. 근무시간 내에는 일에만 집중하여 퀄리티 있는 콘텐츠를 생산하는 것이 우리가 이들을 고용한 목적이니까. 우리가 매달 주는 월급에 '청소비'는 없다.

능률을 높이기 위해 식비도 전부 제공한다. 물론 한도는 없다. 혹시라도 눈치를 볼까 봐, 비싼 밥 먹으라고 매번 얘기한다.

 그랬더니 정말 비싼 메뉴를 먹긴 하더라. 남자애들 12명이 있으니 먹기도 참 많이 먹는다. 카드 사용 내역 알림 메시지가 하루 종일 온다. 아, 절대 불만이라는 건 아니다. 인간 생활의 기본 3요소인 의식주, 그중에 하나라도 우리가 채워줄 수 있다면 대표로서 기쁜 일이다. 많이 먹고 힘내서 일만 열심히 하면 된다.

기본적인 부분들에서부터 만족을 줘야 본래의 일에 120%의 에너지를 쏟을 수 있을 것이고, 제작자라는 자부심을 갖고 일할 수 있을 것이라고 생각한다.

마지막으로 우리 회사는 소통제일주의다.

회식은 지양하고, 대화는 많이 한다. 우리는 사실 작은 회사다. 골방에서 시작해 여기까지 올라온, 이 업계에선 나름 성공 신화를 쓰긴 했지만, 넓게 봤을 땐 아직도 스타트업 기업에 속한다. 그런 우리에게 대기업 관료제처럼 사장 얼굴은 잘 보지도 못하고 말 한마디도 편하게 못 하는 그림은 어울리지 않는다. 우린 대표님, 사장님이라는 호칭도 거부한다. 형이라고 부르고, 하고 싶은 말은 언제든 편하게 하기를 권장한다.

회사에 다니다 보면 마음에 들지 않는 일을 억지로 해야 할 때도 있고, 상사에게는 수없이 불만이 생긴다. 꾹꾹 참고 묵묵히 아니, 묵묵한 척 직장생활을 하다 보면 언젠가 곪아 터지게 된다. 이건 비단 직장생활에만 해당하는 건 아니지만.

불만이 있다면 언제든지 얘기하라고, 우린 항상 열려있고 들어줄 준비가 되어 있다는 걸 직원들에게 늘 상기시킨다. 하고 싶은 얘기들을 꾸욱 눌러뒀다가 어느 날 갑자기, 여기서 일하기 너무 힘들다는 말을 듣는다면 얼마나 속상하겠는가.

작은 사무실에서 일하는 신생 회사인 만큼 늘 직원들을 위해 열려 있고 직원들의 편의를 위해 노력하는 회사이고 싶다. 축구를 좋아하는 젊은 친구들에게 더 없이 매력적인 회사이고 싶다.

나는 가끔 직원들에게 이런 말을 한다. 우리가 사회도 봐주고 축가도 불러줄 수 있으니, 너희가 이 회사 다니면서 결혼을 할 수 있으면 좋겠다고. 현실적으로 대출은 껴야 할 수도 있겠지만, 여기서 받는 월급으로 결혼을 해서 살 수 있겠다는 생각이 든다면 대표로서는 그것만큼 뿌듯한 일도 없을 것 같다.

우리가 잘 갈고 닦아놓은 터전에 들어온 귀한 인연들과 오랫동안 같은 곳을 바라보고 달릴 수 있다면 좋겠다. 사람이 곧 비용이라는 말을 자주 하지만, 그 비용은 가치를 매길 수 없을 만큼 소중하다.

▶ TIP ────────────────────────────────

① 터치를 끌어내는 '빨간 점'

- 카카오톡 친구 사진 옆에 빨간 점이 떠 있으면 눌러보고 싶은 마음이 드는 게 인지상정이다. 프로필 사진을 바꿨든, 상태 메시지를 바꿨든, 생일이든 뭐든 간에 변화가 있을 때, 새로운 정보가 업데이트됐을 때 그 '빨간 점'이 뜬다. 뉴미디어도 마찬가지다. 새로운 영상이 올라갔거나 커뮤니티에 새로운 글이 올라가면 구독 탭이나 채널 탭에 빨간 점이 뜬다. 빨간 점이 자주 뜰수록 당연히 시청자들이 더 자주 찾아보게 되고, '이 채널은 살아있구나'라는 인식이 생긴다(물론 그 전에 구독을 끌어내는 게 먼저지만). 이 마성의 빨간 점을 자주 뜨게 만들자. 자주 생산물을 올리는 것뿐 아니라 근황을 커뮤니티에 올리는 것도 당연히 좋다.

Chapter 7

크리에이터,
앞으로 15년 더 하기

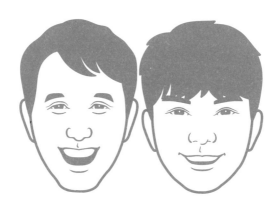

크리에이터로 산다는 것은 절대로 쉽지 않다.
늘 깨어있어야 하고, 누구보다도 새로운 아이디어가
샘솟아야 하며 언제나 스스로 동기부여를 하고
마음을 굳게 다잡아야 하는 일이다.

크리에이터로
살아간다는 것

　　선생님이 뽀얀 갱지를 한 장 나눠주신다. 가족관계, 부모님의 직업, 취미와 특기 등을 써 내려가다 보면 장래 희망을 묻는 칸과 마주친다. 어린 시절, 우리는 그 조그만 네모 안에 저마다의 꿈을 연필로 적어내며 미래의 모습을 상상하곤 했다. 과학자, 선생님, 판사, 의사, 대통령…. 우리의 꿈은 다양했고, 또 비슷했다.

　그런데 요즘 초등학생들의 장래 희망 리스트엔 듣도 보도 못했던 한 직업이 지각변동을 일으키고 있다. 바로 '콘텐츠 크리에이터'다. 몇 년 전부터 초등학생 희망 직업 5위 안에는 늘 크리에이터가 랭크되어 있다. 의사보다, 연예인보다 BJ나 유튜버가 되기를 희망하는 친구들이 더 많아진 것이다. 태어날 때부터 스마트폰을 접하고, 말보다 유튜브를 먼저 배우는 요즘 아이들에겐 크리에이터가 선망의 대상으로 보일 법도 하다. 시대가 변하면서 다양한 직업이 생기고, 그중에서도 크리에이터는 2010년대 중반 이후의 시대상을 가장 잘 반영한 직업임에는 틀림없다.

주위를 조금만 둘러보면 이건 초등학생에게만 국한된 얘기가 아니다. 취업을 앞둔 대학생, 번듯한 직업을 갖고 있는 직장인, 인생 후반기를 맞이한 노년층까지도 한 번쯤은 '해볼까' 생각하는 직업이 크리에이터다.

그들의 마음을 하나하나 다 알지는 못하지만, 아마도 크리에이터를 꿈꾸는 이유는 대부분 이 2가지가 아닐까. 하나는 "아프리카 BJ 하면서 억대 연봉 벌어요", "유튜브 수익으로 빌딩 올렸어요"라는 생생 후기처럼 많은 돈을 벌 수 있다는 것. 또 하나는 아무런 자격도 필요 없이 누구나 할 수 있다는 것, 내가 원할 때 원하는 영상을 찍는 것이 곧 일이라는 것.

우리는 아프리카 BJ이자 팟캐스터이자 유튜버. 1인 미디어의 대표 플랫폼들을 섭렵한 6년 차 크리에이터로서 그간 경험하고 느낀 조금은 현실적인 이야기들을 전하려 한다. 이 직업을 한 번이라도 마음에 담아본 사람들에게 꼭 해주고 싶은 이야기다.

단언컨대, 크리에이터로 산다는 것은 절대로 쉽지 않다. 늘 깨어있어야 하고, 누구보다도 새로운 아이디어가 샘솟아야 하며 언제나 스스로 동기부여를 하고 마음을 굳게 다잡아야 하는 일이다.

크리에이터는 일반적으로 생각하는 것처럼 내가 원할 때 일할 수 있다는 장점이 있지만, 이것은 나태해지기 쉽다는 말과도 일맥상통한다. 대다수의 사람은 학교와 사회를 거치며 정해진 규율 속에 생활하는 것에 익숙해져 있다. 이른 아침 일어나 일상을 시작하고, 내가 소속되어 있는 학교나 직장에 가고, 낮 시간엔 정해진 일과대로 움직이고, 저녁이 되면 자유 시간을 갖는 그런 생활 말이다. 그런 삶은 지치기도 하지만, 막상 아무런 구속이 없다면 게을러지기 십상이다. 하루 24시간을 누구보다 알차게 써야 하는 직업, 크리에이터는 시간 관리와의 싸움에서 승리해야 한다.

특히나 크리에이터이기도 방송인이기도 사업가이기도 한 우리에게 시간은 돈이다. 그래서 시간을 쪼개 쓰는 연습이 필요하다. 나의 경우에는 15분 단위로 계획을 짜서 그에 따라 움직인다. 15분은 시간을 낭비하지 않기 위한 최소한의 단위다.

애플 창업자인 故 스티브 잡스는 언제나 검은색 폴라 티에 청바지, 회색 운동화를 고집했다. 회색 티셔츠만 입는 페이스북 설립자 마크 저커버그는 똑같은 티셔츠를 20장이나 가지고 있기로 유명하다. 이들이 같은 옷만 고집한 이유는 입을 옷을 고르는 일에 작은 에너지와 시간도 소모하지 않기 위해서라는 얘기를 들어본 적이 있을 것이다. 매일 같은 옷을 입는 것이 현실적으로는 쉽지 않지만, 이들의 마인드는 본받을 만하다. 일개 1인 미디어 제작자에서 성공한 크리에이터가 되려면 모두에게 공평하게 주어지는 24시간을 남들과는 다르게 사용할 줄 알아야 한다.

만약 종윤이가 '15분 단위로 시간을 쪼개는' 그런 마인드를 갖고 있지 않았다면, 우리가 평균적으로 한 달에 제작하는 콘텐츠의 3분의 1도 못 만들었을 것이다. 크리에이터라는 이름 그대로 무언가를 끊임없이 창작해내기 위해 주도적으로 생각하고 주도적으로 움직여야 한다.

온라인을 기반으로 성장하고, 그곳에서 주로 활동하는 크리에이터들은 매 순간 살얼음판을 걷듯 조심해야 한다. 온라인에서 여론은 한두 시간 안에 확 타올랐다가 확 식는다. 사실관계는 그리 중요치 않다. 좋지 못한 사건으로 한 번 낙인이 찍히면 나락까지 떨어지는 건 시간문제다. 말 한마디, 행동 하나가 문제가 되지 않도록 주의를 기울여야 한다.

여기에 맹점이 있다. 매사에 조심하다 보면 개성을 잃어버리기 쉽다. 크리에이터에게 개성이 없다는 건 치명적이다. 나의 캐릭터를 지키면서도 선을 넘지 않는, 가장 적절한 수준을 찾아내는 능력도 요구된다.

5년 전만 해도, 아프리카TV에서 방송할 때 '인방 감성'이라는 말을 유행처럼 썼다. 인터넷 방송 특유의 B급 감성을 뜻하는 말이다. TV에서 볼 수 없었던 거친 언행이나 자극적인 코드가 인터넷 방송에서는 필수였고, 인방 감성이 없는 방송엔 시청자들은 빠르게 등을 돌렸다.

이제, 인터넷 방송에 인방 감성은 없다. 소비자들의 성향은 시시각각 바뀌고, 시간이 지날수록 각종 문제는 더 민감하게 받아들여진다. 어린이부터 나이가 지긋한 어르신까지 유튜브를 즐기는 요즘 시대에 2010년대 초반의 인방 감성을 펼쳤다간 무슨 일이 생길지 아찔하다. 스스로가 방송국 그 자체인 1인 방송 제작자에게는 자신 외에는 변호해줄 보호자가 없다.

개인방송 플랫폼과 기존의 대형 미디어를 넘나들며 범국민적인 인지도를 얻은 우리 크리에이터들은 높은 신뢰성과 도덕성을 요구받는다. 엄연히 '공인'의 틀에 들어가지는 않지만, 시청자들은 우리에게 공인과 같은 자세를 바란다. 우리는 유명인으로서 대중의 많은 관심을 받는 만큼 그들의 믿음을 저버리지 않을 책임이 있다. 밖을 돌아다니면 이제 제법 많은 사람이 우리를 알아본다. 해설자, 캐스터를 하던 시절에는 오히려 없었던 일이다. 유명인이지만, 또 연예인은 아니다. 이른바 '연예인 병'이라고 하는 무서운 증후군에 걸린 듯 보이지 않도록 적절히 행동을 경계해야 한다.

연예인과 유명인 그 사이에서의 일상생활이 편치만은 않다. 어딜 가도, 혹시 알아보는 사람이 있을까 조심하고 눈치를 봐야 한다. 식당이나 술집에서 식사를 하다 보면 사적인 얘기나 가벼운 뒷담화도 으레 하게 되지만, 우리는 몰라도 우리를 알아보는 시청자들이 있을지도 모른다. 실제로 그런 적도 여러 번 있었다. 백화점에서 점원의 부당한 대우에 불만을 표했다가 점원의 "잘 보고 있어요" 한 마디에 무안했던 경험도 있다. 이런 일련의 사건들이 온라인상에서 와전되어 돌기라도 하면 이미지에 큰 타격을 입게 된다.

어쩌면 대중이 크리에이터들에게 조금 가혹한 잣대를 들이미는 건, 쉽게 하는 일이라는 생각 때문일지도 모른다. "유튜버가 그럼 그렇지", "BJ들은 다 저러더라" 크리에이터는 진입 장벽이 낮다는 이유로 누구나 하고 싶다고 평가받는 직업임과 동시에, 아이러니하게도 쉽게 무시 받는 직업이기도 하다.

개나 소나 유튜브 하더라? 맞다. 정말 아무나 마음만 먹으면 도전해볼 수 있다. 높은 스펙을 필요로 하고 까다로운 시험을 통과해야 하는, 그런 시작조차 어려운 직업이 많은 데 비하면 이 일은 최소한 시작은 한없이 쉬우니까. 여긴 좋은 학벌도 잘난 외모도 필요 없는 세계니까.

그러나 그 말은 아마 안 해본 사람만 하는 말일 것이다. 개나 소나 말이나 할 수 있지만, 개나 소나 말이나 잘할 수는 없다. 요즘은 개인 방송을 시도하는 사람이 많아지면서 인식이 한결 나아졌다. 해보면 생각보다 어려운 일이라는 것을 많은 이가 깨닫고 있기 때문이다.

잘 버티는 것은 너무나 어렵지만, 그럼에도 분명 힘이 되는 요소들이 존재한다. 일단 하는 만큼, 사람들의 선택을 받는 만큼 수익이 뒤따라온다.

그보다 좋은 최고의 비타민은 시청자들의 좋은 반응이다. "오늘 방송 재밌어요", "영상 좋아요", 여기에 더해 라이브 방송과 영상의 높은 조회 수는 우리가 올바른 방향으로 가고 있다는 확신을 준다. 우리가 나아갈 수 있는 동력이 되고, 더 좋은 콘텐츠를 만들기 위한 의욕을 일으킨다.

주식회사 랩추종윤 ▸ 이주헌, 박종윤

30년간 한 자리에서 라디오를 진행하고 있는 배철수 DJ는 청취자들이 본인의 방송을 너무 집중해서 듣기보다 그저 퇴근길 무심코 틀었다가 잠깐 재미있다면 DJ로서 가장 행복한 일이라는 이야기를 간간히 한다. 우리 방송도 그랬으면 좋겠다. 열성적인 응원도 좋지만, 굳이 많은 집중력을 쏟지 않고 무심하게 봐줘도 좋다. 심심할 때 문득 생각나 잠깐 보면서 피식거리는, 슴슴한 곰탕 같은 매력을 느껴준다면 그 또한 우리로서는 아주 큰 보람이다.

개인의 개성을 중시하고, 제도권 교육에서 살아남는 것이 다가 아님을 인정하게 된 이 세상에서 크리에이터는 분명 굉장히 매력적인 직업이다. 아주 작은 나만의 특성 하나만 있다면, 그 특성을 극대화할 수만 있다면 충분히 시도해봄 직한 직군이 아닐까.

Q. 지금까지 만든 수많은 콘텐츠 중, 내 마음속 1위는?

아프리카TV에서 중계를 하다가 고민 상담을 해준 적이 있다. 채팅창에 등장한 고민남은 '소개팅을 하면 한 번도 애프터를 받아준 여성이 없었다'며 문제가 뭔지 모르겠다고 했다. 이유를 찾기 위해 그 친구에게 본인의 사진을 받았고, 그 사진을 보면서 조목조목 소개팅에 실패하는 이유를 분석해줬다. 쓸데없이 디테일하고 현실적이었던 조언에 옆에 있던 종윤이는 웃다가 의자에서 떨어졌다. 내가 원하는 '찐웃음'이었다.

성인이 되고 한 번도 해외에 나간 적이 없다. 입시에 실패하고, 군대에 가고, 뒤늦게 취업을 준비하고, 하루도 쉬지 않고 회사에 다니고, 그러다 이 일에 뛰어드느라 해외여행은 꿈도 못 꿨다. 그러다 2019년, 아시안컵을 직관하러 가는 여행 상품을 기획해 팬들과 두바이에 갔다. 거기에서 주헌이 형과 옥류관에 갔는데, 그때 평양냉면을 먹으면서 찍었던 영상이 있다. 완벽한 자유 여행은 아니었지만, 그래도 15년 만에 해외에 나갔던 설렘이 그 영상에 고스란히 담겨있는 듯하다.

주식회사 랩추종윤 ▸ 이주헌, 박종윤

개인 방송,
누구나 시작할 순 있지만
누구나 오래 할 순 없다

　　내가 좋아하는 일로 돈을 벌 수 있다는 매력에 끌려 오늘도 수많은 크리에이터가 새로 등장하고 또 소리소문없이 사라진다. 모두 비슷한 마음으로 시작하지만, 그중에서 살아남는 사람은 정말 극소수다. 단적인 예로 유튜브는 최소 구독자 수 1,000명, 재생 시간 4,000시간을 채워야 수익을 창출할 수 있지만, 그것조차 채우지 못하고 포기하는 사람이 부지기수다.

　　우리 삼촌은 수십 년 전부터 TV에 나오는 연예인들을 볼 때마다 '딴따라'라고 하곤 하셨다. "저 딴따라들, 노래하고 놀면서 편하게 돈 버네. 저거 나도 할 수 있겠다."

　　연예인이 되는 게, TV에 나와서 사람들에게 내 얼굴과 이름을 알리는 게 얼마나 어려운 일인지 이제 많은 사람이 안다. 잔잔한 물 위를 우아하게 헤엄치지만, 물밑에선 쉼 없이 발질을 하는 백조처럼, 겉으로 보기엔 쉬워 보이는 직업일수록 뒤에선 얼마나 많은 땀을 흘리는지.

아무 때나 무료로, 손바닥 안에서 콘텐츠를 소비할 수 있다는 이유로 이 세계를 쉽게 생각하는 경향이 있다. 하지만 누군가의 눈과 귀에 콘텐츠가 도달하기까지, 1인 미디어 제작자는 수많은 시간과 노력을 쏟아야 한다는 사실을 잊어서는 안 된다.

우리가 개인 방송을 처음 시작했던 아프리카TV에서 인지도를 쌓는 데 1년이란 시간이 걸렸다. 그때는 지금만큼 레드오션도 아니었고, 우리는 나름대로 TV에서 수년간 활동했던 방송인 출신임에도 말이다.

이것을 일반화할 순 없다. 우연히 아이템 하나 잘 걸려서 이슈가 되면 순식간에 사람들의 관심을 끌기도 하니까. 그런데 우리가 경험해본 이 세계에서 그럴 수 있는 확률은 극히 낮다. 장난삼아 폐가 체험을 했는데 거기서 시체를 볼 확률과 같달까. 그리고 설령 한순간 관심을 얻는다 해도, 그렇게 얻은 인기를 잘 유지할 수 있는지가 관건이다.

자, 그럼 어떻게 하면 되느냐. 어떻게 하면 이 세계에서 오래도록 살아남을 수 있을까. 사실 별 방법은 없다. 아마도 듣고 보면 너무나 당연한 이야기일지도 모른다. 그럼에도 이 방법들이 중요한 건, 많은 사람이 너무 쉽게만 생각하고 덤빈 나머지 기본을 놓치기 때문이다.

먼저, 물리적인 시간을 투입하라.

축구 게임계에선 일인자라고 해도 과언이 아닌 BJ 감스트. 그가 지금과 같은 폭발적인 인지도를 얻게 된 계기가 있었다. 일명 '포병지 사건'. 축구 카드를 뒤집는 게임에서 원하는 카드는 안 나오고 4장 연속으로 김병지 선수가 그려진 카드만 나와서 감스트가 극대노했던 사건이다.

운이 좋게 그런 특이한 일이 생겼다고 생각할 수 있다. 그러나 하늘은 아무에게나 먹이를 물어다 주지 않는다. 몇 년 동안 시행착오도 겪어보고, 매일매일 게임에 많은 시간을 투자하다 보니 웃기고 특별한 스토리도 생기는 것이다. 하루에 몇 시간, 며칠 깨작거려서는 절대 불가능하다. 아프리카TV 초창기에 자리를 못 잡고 이것저것 해보던 시절에 우리도 잘 못하는 게임에 뛰어들어보고 깨달은 것이다.

하루 종일 게임만 하니까 좋을 것 같다고? 아니다. 최소 하루에 8시간 이상씩은 게임을 해야 하고, 365일 중에 360일은 투자할 각오가 되어있어야 한다. 하루 종일 의자에만 앉아있으려니, 이미 30대였던 우리는 그때 허리가 고장 나는 줄 알았다.

버젓이 직장에 다니면서 취미로 유튜브를 시작한다거나 회사 잘 다니다가 '유튜버가 되겠어' 하면서 그만두는 사람들이 있다. 놀고 싶을 때 놀고 영상 찍고 싶을 때 찍을 거라는 착각에 빠진다. 머지않아 오히려 주5일, 나인 투 식스 생활이 그리워질지도 모른다. 여기선 그보다 곱절은 더 많은 시간을 일해도 쉽지 않다. 그 정도 시간을 투입할 만한 열정이 없다면 성공하기는 힘들다. 아니, 죽어도 안 된다.

두 번째로는, 생산성.

기본적으로 양은 무조건 필요하다. 모든 음식에 들어가는 소금과 같다. 기가 막힌 아이디어가 있으니 이거 하나면 빵 터지리라는 건 애초에 바라지 않는 게 좋다. 아프리카TV BJ라면 매일 라이브 방송을 할 수 있는 적극성, 유튜버가 되고 싶다면 뭐가 됐든 일주일에 3편씩은 영상을 올린다는 마음가짐으로 출발해야 한다.

사람들은 크리에이터들에게 그다지 높은 퀄리티를 바라진 않는다. 물론 멋진 섬네일은 아무래도 눈길을 끌고, 때깔 좋은 영상이 보기에 좋다. 특히나 유튜브가 기득권화되면서, 번듯한 대기업들도 유튜브 시장에 너나 할 거 없이 뛰어드니 TV에서나 볼 법한 고퀄리티의 콘텐츠들도 많다. 하지만 여전히 사람들에게 오랫동안 사랑받는 채널 중에는 거친 편집과 꾸밈없는 자막 포맷에 특별한 효과도 없는 영상이 많다. 재미있으면 된다. 사람들의 마음을 얻는 건 잘 만든 영상보단 재미다. 공들여 찍고 정성스레 편집해 한 달에 한두 개의 영상을 올리는 채널보다 휴대폰으로 찍은 영상이라도 많이 올리는 채널이 사람들에게 노출될 확률도 높아진다. 아나운서 시험을 준비할 때도 그랬다. 어딘가 지원서를 넣기에 아직 부족하다는 생각에 시험을 안 봤다. 그다음엔 아직 발성을 다 다듬지 못했다는 이유로 원서를 안 썼다. 더 완성되고 인정받을 수 있을 때 지원해야겠다는 마음에 이렇게 하나씩 미루다가 깨달았다. 조금 부족하더라도 직접 뛰어들어 몸으로 체득하는 쪽이 훨씬 낫다는 것을.

크리에이터가 되는 길도 이와 크게 다르지 않다. 내가 완벽을 바라는 동안에 수많은 크리에이터가 나를 제치고 앞서나갈 것이다. 시간도 늦어질뿐더러 자기 동력도 떨어진다. 하루가 다르게 급변하는 이 시장에선 사람들에게 잊히는 것만큼 무서운 것이 없다. 지속적으로

주식회사 랩추종윤 ↠ 이주헌, 박종윤

부지런하게 움직이는 채널이라는 생동성을 인식시켜야 한다. 아무리 전문성이 있고 유머를 다 갖췄다 해도 양이 따라주지 않으면 소용이 없다.

그렇게 한 달, 두 달, 1년이 지나도 특별한 성과가 없다면, 데드라인을 정하라.

특별한 기준 없이 하다 보면 되겠거니 하며 5년, 10년 붙잡고 있을 수는 없는 일. 기한을 정해놓고 그때까지 최선을 다해보고, 그래도 안 되면 가차 없이 떠날 수 있는 결단력도 준비돼있어야 한다.

예컨대 공무원 시험을 준비한다고 하자. 공무원 합격까지는 평균적으로 2년 2개월이 걸린다고 한다. 그동안 집에서 경제적으로 도움도 받고, 주변에서 응원도 받으며 공부를 한다. 사실상 백수지만, 공무원 준비를 한다고 하면 대외적으로도 명목은 있다. 똑같이 백수지만 2년 2개월 동안 BJ를 준비하고 있다고 얘기한다면 긍정적인 반응은 기대하기 어렵다. 욕이나 안 먹으면 다행이다. 친척들을 만나서 우리 아들은 BJ, 유튜버 준비한다는 말을 아무렇지 않게 하실 수 있는 부모님이 과연 몇이나 될까. 아무리 인식이 좋아졌다고 해도 아직은 그게 현실이다. 그래서 이 일이 쉽지 않다. 오랫동안 붙잡고 있기란 더더욱 쉽지 않다.

결론적으로 우리가 권하는 데드라인은 3년이다. 공무원 준비도, 3년 안에 안 되면 그만 포기하라고들 말한다. 냉정하게, 그건 안 되는 거고 공부로 성공하기 힘든 유형의 사람일지도 모른다. 이 일도 전혀 특별하지 않다. '크리에이터 한번 해보자'며 뛰어들었는데 3년이 다

되도록 수익이 별 볼 일 없다면 이쪽엔 재능이 없는 것이다. 뒤도 돌아보지 말고 다른 일을 찾아가는 편이 낫다.

공무원 준비생의 하루는 바쁘다. 아침 일찍 일어나 도서관에 가고, 학원에서 수업을 듣고, 밥을 먹으면서도 인터넷 강의를 보며 쉬지 않고 공부한다. 그래야 박 터지는 경쟁률을 뚫고 합격할 수 있으니까. 하지만 크리에이터가 되려는 백수는 그 정도로 열심히 하지는 않는다. 대개 최대한의 노력을 해보지도 않고, "야, 이거 안 돼", "이걸로 돈 못 벌어" 하며 포기한다. 딱 3년만, 고시 공부한다는 자세로 자유는 잠시 내려놓고 꾹 눌러앉아 크리에이터로서 최대한의 노력을 해보길 바란다. 그러다 보면 빛이 찾아올 수도 있다.

막상 뛰어들어 보면, 시작하는 것만 쉽다뿐이지 성공하기는 보통의 전문직과 다를 게 없다. 아니, 차라리 공부로 성공하는 게 쉬울지도 모른다. 공부는 일정 정도 이상의 테스트를 통과하면 된다는 기준이 있지만, 여긴 결이 다른 분야니까. 그래서 기간을 정해놓고 모든 노력을 총동원해서 집중하라는 것이다.

우리는 가끔 서로 이런 얘기를 한다. 우리와 비슷한 사람이 30년 전이라고 없었을까. 하지만 지금과 같은 환경이 아니었고, 지금과 같은 사회 분위기도 아니었으니 우린 운 좋게도 참 시대를 잘 타고났다고.

경험자로서, 이 일은 충분히 시도해볼 만하다. 그리고 다시 말하지만 크리에이터의 길에 발을 들이고자 한다면 이건 특별한 일이 아니라는 것을 꼭 염두에 두길 바란다. 다른 일과 똑같이 열심히 하면 성공한다. 이왕 할 거면 제대로 해보자.

방송인 출신 크리에이터,
뉴미디어와 올드미디어의
경계에서

　　우리는 뉴미디어에서 방송을 시작한 사람들은 아니다. TV에서 먼저 정식으로 데뷔한 방송인들이다. 우리가 개인 방송을 본격적으로 시작했을 때, 전무후무한 오디션 출신 해설위원으로, 스포티비 3년 경력의 캐스터로 입소문을 탔다. 지금도 낯선 일반인보다 연예인이나 운동선수 등 유명한 사람들이 개인 방송을 시작하면 훨씬 많은 화젯거리가 된다. 우린 엄청난 유명인은 아니었지만, 어쨌든 그 후광을 등에 업고 남들보다 빠른 속도로 성장했다.

아프리카TV와 팟캐스트에서 입지를 다지면서도(인지도를 얻으면서도), 풀지 못한 한 덩이의 응어리가 남아있었다. 단 한 번도 메이저 방송국에 발을 들여 보지 못했다는 것. 뉴미디어라는 제3의(전혀 다른) 세상에 들어온 이상 여길 빠져나갈 수 없을 거라는 것.

그런데 우리가 유튜브로 활동 반경을 넓히기 전 어느 겨울, 한 대형 방송사의 스포츠 채널에서 축구 중계 캐스터 제의가 들어왔다. 선배 캐스터들과 PD들의 추천이었다. 거의 불가능이라 생각했던 대형 방송국 입성이 눈앞에 닥친 찰나, 마지막 고비를 넘지 못하고 주저앉고 말았다. 인터넷 방송에서 말이 너무 거칠다는 이유로 최종 결정권자가 NO를 외친 것이다.

 인터넷 방송의 특성을 이해하지 못하는 곳이라면, 나도 종윤이를 보내고 싶지 않았다. 더구나 종윤이는 이제 크리에이터로서 자리잡아 역량을 쏟아붓고 있었다.

"너 괜찮지? 상관없잖아, 그런 거." 종윤이는 그렇다고 했다.

시간이 조금 지나고, 종윤이는 술을 한잔하며 그때의 솔직한 감정을 나에게 털어놓았다.

"형, 나 그때 안 괜찮았어. 나 그런 거 아직 하고 싶어."

종윤이는 누구나 알만한 이름 있는 방송에 나오는 떳떳한 모습을 부모님께 보여드리고 싶었다고 했다.

 큰 방송국 스튜디오에서 한 번도 중계해보지 못한 건 내 한이자, 부모님께도 마음의 빚이었다. 개인 방송을 한 이후로 부모님은 내가 무슨 일을 하는지 밖에서 편하게 말씀을 하지 못하셨다.

전혀 생각지 못했던 듯 깜짝 놀란 형은, 그 이후로 MBC와 MBC스포츠플러스에 방송을 하러 갈 때마다 나를 미친 듯이 어필하고 다녔다. 자기 PR도 안 하는 사람이, 마치 내 매니저라도 된 양 나를 방송국 사람들에게 알리고 다녔다.

 내가 무슨 힘이 있거나 백이 있는 것도 아니었지만, 종윤이의 한을 풀어주고 싶었다. 그리고 종윤이는 어디에 내놔도 부족하지 않은 캐스터였다. 마침 다가오던 러시아 월드컵에 맞춰 특집 프로그램이 편성되던 때였다. 메인 PD에게, 잘 모르시겠지만 한번 써보면 절대 후회 안 할 친구라는 장문의 문자 메시지와 함께 종윤이의 방송 영상을 보냈다. 내 인생 처음이었다. 술 취한 사람을 대리 불러 보낸 것도, 방송국에 자리를 부탁하는 것도, 분신 같은 파트너 종윤이이기 때문이었다.

다행히 종윤이는 메인 PD의 맘에 들어 나와 함께 그 프로그램에 출연할 수 있게 됐다. 나는 내 공을 엄청 생색내는 타입인데, 그 일은 이상하리만치 조심스러웠다. 종윤이가 얼마나 원하는지를 알았으니 혹시라도 일이 틀어질까 방송 출연 당일까지도 긴장의 끈을 놓지 못했다.

 택배를 손에 받았을 때보다 '배송 중' 세 글자에 더 기대되고, 좋은 옷을 사서 입을 때보다 카드로 긁는 순간이 더 설레는 것처럼, MBC에서 방송을 했던 그날도 그랬다. 로비에 신분증을 맡기고 출입증을 받은 순간, 그 출입증을 찍고 들어가 분장을 받던 순간, 대본을 손에 쥐고 리허설하던 그 순간이 정말 짜릿했다. 새벽

내내 퀭한 얼굴로 중계하던 좁디좁은 부스와, 화려한 조명이 감싸고 수많은 제작진이 지켜보고 있는 널따란 스튜디오는 공기부터 달랐다. 그것도 지상파에서 많은 사람이 TV를 보는 저녁 시간대에 월드컵이라는 대형 이벤트를 다루는 프로그램이었다.

형 덕분에 내가 한 번도 못 해봤던 그 모든 것들이 한방에 해소됐다. 막상 해보니 그 또한 똑같은 방송이었지만, 수년간 괴로워했던 내 콤플렉스만큼은 흔적도 없이 사라졌다.

 그 이후 종윤이는 나와 함께 몇 번의 중계를 더 했고, 나는 종윤이에게 '축구 평론가'라는 이름을 붙여줬다. 종윤이는 캐스터의 역할과 해설자의 역할을 넘나드는 하이브리드였다. 축구를 잘 알고 말도 잘하는 재야의 축구 전문가는, 비로소 뭍으로 나와 TV와 라디오를 오가며 축구 전문가로 맹활약했다.

그즈음 우리는 유튜브를 본격적으로 시작했고, 채널은 빠르게 커나갔다. 많은 시간을 투자해 끊임없이 좋은 영상을 만들기도 했지만, TV 출연을 하며 축구 전문가로 조금씩 이름을 알린 덕도 무시할 수는 없다.

TV 출연이 잦아지자 사람들은 우리에게 이중 잣대를 들이밀었다. 유튜브에서 조금이라도 거슬리는 행동을 하면 'TV에 나오는 사람들이 왜 저러나'라고 했고, TV에 나와 실수라도 하면 '인터넷 방송 하는 애들이 그럼 그렇지'라고 했다. TV와 개인 방송에서 활발하게 활동하

주식회사 랩추종윤 ▶ 이주헌, 박종윤

던 우리는, 순식간에 TV에 나오는 방송인도, 유튜버도 아닌 애매한 입장이 되어 있었다.

뉴미디어가 급속도로 치고 올라오면서 생긴 현상이었다. 뉴미디어가 기존 미디어의 역할을 빠르게 흡수하면서, 방송을 하는 사람도 보는 사람도 과도기에 놓여있었다. 어디에 기준을 둬야 할지 모두가 애매한 시기였다.

뉴미디어는 계속해서 기존 미디어를 위협했고, 결국 대형 방송사들이 하나둘 뉴미디어 시장으로 들어오기 시작했다. 방송 제작자들은 틀에 박힌 제도권에서 벗어나 유튜브에서 자유롭게 날개를 펼쳤다. 출연자도 마찬가지였다. 공채 시험에 통과하지 못했다는 이유로 방송 출연의 기회를 잡지 못하거나, 방송국에서 불러주지 않으면 TV에 나올 수 없었던 수많은 '끼쟁이'들이 자신만의 방송국을 만들고 마음껏 시청자들을 만났다.

TV 출연에 대한 생각은 우리부터 많이 바뀌었다. 세상이 이렇게 급변하는 것에 비해 기존의 방송 환경은 쉽게 바뀌지 않는다. 아직도 실제 방송 분량보다 몇 배는 많은 시간을 들여 촬영해야 하는데, 우리에겐 기회비용을 생각하지 않을 수 없는 상황이 됐다. 물론 배우나 가수 등 연예인이라면 얘기가 다르다. 인지도가 생명인 연예인들은 많은 시간이 들더라도 방송 출연으로 얼굴을 알리는 게 당연히 도움이 된다. 하지만 우리는 축구라는 틀 안에서 움직이는 축구인이다. 선수 출신이거나 유명한 1타 해설위원이 아니고서야 인지도를 얻는 데에는 한계가 있다. 지금까지 '이주헌 해설위원'이나 '박종윤 캐스터'라며 우리를 알아보는 사람들보다 '이스타TV 잘 보고 있어요'라며 다가오는 사람들이 훨씬 더 많은 것만 봐도, 이제는 어느 쪽의 파급력과 확산 속도가 더 빠른지 알 수 있다.

방송사는 물론 여러 대기업까지 뉴미디어 시장에 들어왔고, MCN이라는 새로운 산업도 생겨났다. 뉴미디어 세상이 커지는 만큼 올드미디어의 입지는 줄어들 것이라는 데 이견은 없을 것이다. 미디어 환경이 급변함에 따라 지상파는 2년째 2,000억 원대의 적자를 기록했다. 대규모의 자본이 드는 드라마나 대형 예능은 살아남겠지만, 지금보다도 낮은 시청률 수치를 받아들게 될 것 같다. 안타까운 이야기지만, 그동안 우리가 사랑했던 TV는 머지않아 대형 모니터가 될지도 모른다.

여전히 기존 미디어에 남아있는 방송인들도 많지만, 그들 역시 고민이 많다. 그 안에서는 할 수 있는 것이 한정적이고, 시대에 맞지 않게 도태되는 것 같다고들 한다. 시청자들은 더 이상 올드미디어에 매이지 않고 다른 곳으로 눈을 돌리고 있다. 뉴미디어 시장의 잠재력이 얼마나 큰지 이제 모두가 알고, 앞으로 어디까지 성장해나갈지는 아무도 모른다.

이제 우리에겐 딱 한 가지 걱정이 있다. 'TV에서 우리를 불러주려나'가 아니라 '구글이 변심하면 어떡하나'. 지금은 구글과 크리에이터가 광고 수익을 나눠 갖고 있지만, 세계 최대 독점 기업인 유튜브가 갑자기 수익 구조를 바꾼다면 어떻게 될지 막막하다. 우리 회사 매출의 절반을 책임지고 있는 유튜브 수익, 지금처럼 안정적으로 흘러가길 바랄 뿐이다.

종윤_ 형, 만약 카타르 월드컵 때 현지 중계에 우리 불러주면 어떻게 할래?

주헌_ 나는 정당한 출연료를 요구할 거야. 그리고 카타르 가서 아프리카TV 라이브도 하고 유튜브용 영상도 찍을 거야, 너는?

종윤_ 나도 출연료. 카타르로 떠나있는 동안 우리가 손해 볼 수익을 보장해줄 수 있는지 봐야지.

주헌_ 이제 진짜 방송 욕심은 없어? 만약 메인 경기 캐스터 자리를 준대도?

종윤_ 없어. 그런데 라디오 DJ라면 얘기가 다르지. 만약 어디선가 FM 라디오 DJ를 시켜준다면, 유튜브 손해 보더라도 할 거야. ^^

주헌_ 안 돼. 종윤아…, 유튜브도 하고 같이 해….

축구 콘텐츠로
성공하기 어려운 이유

그렇게 우린 축구 크리에이터의 길을 선택했고, 이전까진 존재하지 않았던 새로운 축구 콘텐츠를 만들기 위해 쉼 없이 노력하고 있다. 'Humorous, Easy but Professional'. 이 한 문장에 우리가 추구하는 콘텐츠의 방향이 모두 담겨있다.

미괄식으로 서술된 이 슬로건의 핵심은 Professional이다. 축구라는 콘텐츠는 기본적으로 전문성이 바탕이 되어야 한다. 내가 정말 누군가에게 축구 얘기를 해줄 수 있을 정도가 되는지 잘 생각해봐야 한다. 세상에는 생각보다 축구를 잘 아는 사람이 많다. 그래서 축구라는 콘텐츠에 도전하기가 어렵다. 당장 내가 시청자라고 해도, 나보다 특별히 뛰어나지 않은 사람이 하는 축구 이야기를 굳이 들을 필요는 없으니까. 손가락질받지 않을 만큼의 전문성은 기본 요소다.

전문성만 있다고 해서 되는 것도 아니다. 사실 전문가가 하는 축구 이야기에 대단한 특별함은 없다. 이미 세상에 널린 이야기다. 뉴스 사이트에 들어가서 스포츠 카테고리를 클릭하기만 하면 당장 온갖 기사들이 쏟아진다. 경기 후엔 경기 내용을 분석하는 기사 수십 편이 올라오고, 이슈가 생기면 너나 할 것 없이 각기 다른 시선으로 기사를 써낸다. 우리나라 기사만으로 부족하면 해외 유명 언론에 올라온 기사나 칼럼을 확인하면 된다. 요즘엔 인터넷 브라우저에서 번역도 알아서 다 해준다.

그래서 우리가 'Professional' 앞에 붙인 두 단어가 'Humorous'와 'Easy'이다. 전문적이지만, 쉽고 재밌는 콘텐츠를 만드는 것이 우리의 목표다. 똑같은 정보를 가지고도 차별화된 요소를 결합해서, 남들과는 다르게 만드는 게 우리 채널의 정체성이다.

축구 전문 크리에이터는 축구만 알아서는 안 된다. 크리에이터라면 이름 그대로, 신선하고 개성 있는 콘텐츠를 창작해내는 능력이 필요하다. 축구라는 메인 재료를 어떻게 요리할지 고민해서 2차 가공하는 것이다. 우리는 축구에 재미라는 양념을 첨가해 축구에 관심 없던 사람까지 끌어들일 수 있도록 쉽고 대중적인 맛으로 요리해낸다. 어차피 축구란 넓은 범위에서 여가 활동이다. 진지하고 딱딱한 분야가 아니라는 생각에서 시작해야 한다.

물론 중계를 할 때는 보다 진정성 있는 자세가 필요하지만, 그 외의 콘텐츠에선 너무 무겁게 축구 이야기를 하면 사람들은 그 콘텐츠를 소비하려 하지 않는다. 우리는 '축구 예능'이라는 새로운 분야를 개척

했고, 다행스럽게도 축구를 유머러스하게 얘기할 수 있는 능력을 가진 축구 전문가가 많지 않기 때문에 우리가 조금 더 돋보이지 않았을까 싶다. 축구를 좋아하고 잘 알면서 망가지는 것에 두려움이 없는 크리에이터는 감사하게도 우리가 독보적이다.

모든 시청자의 니즈를 충족시킬 수는 없기에 우리가 가는 길이 정답이라고 할 순 없다. 누군가는 우리의 유머가 불편할 수도 있고, 축구를 더 전문적으로 얘기해주길 바라는 사람도 있을 수 있다. 그래서 지속적으로 우리에게 보내주는 채팅과 댓글을 확인하고, 축구 팬들이 대거 모이는 커뮤니티의 동향도 살펴야 한다.

시청자의 의견에 너무 좌지우지되는 것도 경계해야 하지만, 그들이 듣고 싶은 것과 상관없이 우리만의 길을 가서도 안 된다. 친구의 고민 상담을 해줄 때와 마찬가지다. 듣고 싶은 답을 어느 정도 정해놓은 친구에게 전혀 다른 대답을 해준다면 쉽사리 결론이 나지 않고 끝내 서로 기분이 상하기도 하는 것처럼 시청자들과의 관계도 그렇다. 적절하게 밀고 당기기를 할 줄 아는 '밀당남'이 되어야 한다. 지금 우리가 나아가는 방향을 바라보는 민심을 알지 못하면 6년 걸려 쌓은 공든 탑이 한순간에 무너질지도 모른다.

또한, 축구 크리에이터라고 해서 축구 소식에만 빠삭하고 축구 팬들의 민심을 아는 것으로 만족한다면 우물 안 개구리가 되기 십상이다. 전반적인 사회 동향을 알 수 있는 대형 커뮤니티와 시사 뉴스를 살피는 것도 필수다. 요즘 유행하는 각종 이슈에 뒤처지지 않고, 그것을

주식회사 랩추종윤 ▶ 이주헌, 박종윤

우리 콘텐츠에 녹여내기 위해 고민해야 한다.

반대로 금기시되는 주제들도 꼼꼼히 알아야 한다. 특히 세계 곳곳에서 심화되고 있는 인종 문제나 성 인지 감수성까지, 혹시라도 우리가 섣불리 건드린 부분은 없는지 확인하면서 말이다. 급변하는 사회 트렌드를 쫓고 이해하기, 모든 크리에이터에게 눈 뜨는 순간부터 감는 순간까지 요구되는 조건이다.

전문성과 개성을 모두 갖춘 축구 크리에이터에게, 남아있는 가장 큰 걸림돌은 영상에 대한 저작권 문제다. 중계 영상을 마음대로 쓸 수 없는 데서 오는 어려움은 앞에서도 언급한 바 있다. 중계 영상을 대체할만한 무언가를 개발하는 것은 필수다. 탄탄하게 구성된 스토리 라인, 눈에 보이는 것처럼 실감 나는 표현력, 혹은 영상을 대신할 일러스트도 좋다. 여건이 된다면 직접 경기장을 방문해 경기를 촬영하는 것도 멋진 대안이다.

중계권을 가진 아프리카TV를 제외하고, 그동안 일말의 축구 영상 없이 산전수전을 겪으며 콘텐츠를 만들어왔던 우리는 큰 결심을 했다. 시청자에게 양질의 콘텐츠를 제공하기 위해 영상 저작권을 직접 구매했다. 이것은 최후의 수단이자, 축구 크리에이터로서의 끝없는 욕심이었다. K리그 영상을 유튜브에서 사용할 수 있도록 회사 단위로 저작권 이용 계약을 체결했다. 이런 사례는 축구 크리에이터 중에선 우리가 단연 처음으로, 연 단위로 하면 수천만 원을 호가하는 비싼 금액이었지만, 적자를 감수하고도 우린 이 결정이 옳다고 봤다.

왜 하필, 해외 축구도 아니고 K리그냐는 의문이 생길 것이다. 상대적으로 인기도 없고 벌이도 안 되는 K리그를 말이다. 그건 〈히든풋볼 K〉를 런칭했을 때와 비슷한 마음이었다. K리그에 대한 깊은 사명감이었고, 우리가 꼭 나서서 해야 하는 일이라는 생각이 강했다.

K리그 팬들을 품어주고 싶다는 생각으로 시작한 〈히든풋볼K〉 덕분에, 우리는 K리그 팬들에게 많은 지지를 얻게 됐다. 한국 축구에 대해서 이주헌, 박종윤만큼 신경 쓰고 있는 축구인들은 없다는 평가를 받았고, 긍정적인 이미지는 덤이었다. 매 시즌 K리그 개막에 맞춰 책을 출간하고 있고, K리그 중계를 도맡아서 하고 있는 우리에게 K리그는 떼려야 뗄 수 없는 존재다. 우리를 믿어주는 한국 축구 팬들에게 더 좋은 콘텐츠로 보답할 의무가 있다.

우리가 크리에이터로서는 처음으로 영상 저작권을 구매한 것이 발판이 되어 앞으로는 스포츠 크리에이터들이 경기 영상을 자유롭게 이용하고, 나아가 중계도 할 수 있는 환경이 구축되리라 믿는다. 우리도 아직은 중계권에 있어서는 아프리카TV의 지원을 받고 있는 입장이고, 중계권을 구매해주지 않으면 당장 그 자리를 메울 수 있는 새로운 콘텐츠를 고민해야 한다. 중계권은 저작권에 비하면 억 소리 나는 어마어마한 금액이지만, 어떤 형태로든 1인 미디어 제작자들도 그 권한을 갖게 되리라 기대한다. 모두가 뉴미디어의 성장을 위해 가만히 보고만 있지는 않을 것이다.

그게 언제가 될진 모르겠지만 그때까진 자신만의 획기적인 콘텐츠로 이곳에서 자리를 잡고 버텨야 한다. 축구라는 콘텐츠를 주력으로 살아남는다는 것은 낙타가 바늘구멍 통과하기와도 같으니까.

축구로도 웃기는 우리는, 하지만 축구가 전부가 아닌 우리는, 축구 크리에이터로서 가능한 최대치를 해내고 있다. 그리고 내일도 앞으로도 그 한계를 경신할 예정이다.

스포츠 캐스터, 스포츠 해설자가
되고 싶은 사람들에게

축구 크리에이터가 되기 위한 A to Z를 얘기하다 갑자기 웬 캐스터에 해설자냐고? 그래도 아직은 포털사이트에 '축구 해설가'로 소개되는 사람들로서의 책임감 같은 것이다. 그리고 우리의 길을 걸을지도 모를 친구들을 위한 과감한 조언이다. 꼰대 같지만 선배가 해주는 말이니 귀 담아 들어주면 좋겠다. 하지만 구태의연하지는 않기 위해, 피부로 느낀 잔인하게도 현실적인 이야기들만 담았다.

결론부터 말하자면, 스포츠 캐스터 혹은 스포츠 해설자를 꿈꾼다는 것에 우린 상당히 부정적이다. 여기야말로 진입장벽이 높고, 성공의 문턱은 더더욱 높다.

 스포츠 캐스터가 되고 싶다면 일단 방송인이 되기 위한 포괄적인 노력을 해보길 추천한다. 스포츠 캐스터는, 스포츠 전문가이기 이전에 한 방송의 진행자 역할을 안고 간다. 음악에 관한 이야기를 하는 음악 프로그램 MC, 건강에 관련된 이야기를 하는 건강 정보 프로그램 MC처럼 스포츠 캐스터는 스포츠를 주제로 한 방송의 MC와 마찬가지다. 실제로 스포츠 캐스터가 되면 중계뿐 아니라 스포츠 하이라이트 프로그램이나 스포츠와 관련된 각종 방송에서 진행을 맡기도 하니, 넓게 방송인이 된다는 마음으로 접근하는 편이 낫다.

스포츠 캐스터를 꿈꾼다는 친구들을 보면, 꽤 많은 사람이 '일주일에 축구 4경기 이상 보면서 스포츠 캐스터를 준비하고 있다'고 말한다. 그럼 나는 축구 볼 시간에 방송인이 되기 위한 공부를 먼저 하라고 말해주곤 한다. 스포츠 지식보다 우선시 되는 것이 방송적인 역량이기 때문이다. 스포츠 캐스터는 해설위원과 호흡을 맞춰 전반적인 방송을 매끄럽게 이끌어 나가고, 경기 상황을 정확하게 전달하는 것이 우선시되는 자리다. 듣기 좋은 목소리를 내는 연습과 정확한 발음으로 말을 조리 있게 하는 훈련이 먼저다. 방송적인 능력을 먼저 기른 후 각종 스포츠 종목에 관해 공부해도 늦지 않다.

말을 잘하기 위해서 내가 권하는 방법은 일기를 쓰는 것이다. 대개, 머릿속에서 생각 정리가 안 되고 뒤죽박죽인 사람일수록 말을 듣기 좋게 잘하지 못한다. 어떤 말부터 꺼낼지 어떻게 표현할지 모른 채 말을 하면 당연히 말은 중구난방, 엉망진창으로 나오게 된다. 일기를 쓰면서 복잡한 생각들을 하나씩 정렬할 수 있다. 생각들이 제자리를 찾아가면 그에 따라 말로 차근차근 표현하기가 쉬워진다. 말을 전달력 있게 한다는 것은 좋은 방송인이 될 수 있는 기본적인 자세를 갖춘 것이다.

그리고 자기가 정말 방송인이 될 재능이 있는지 분명하게 확인하기 위해서 전문 교육기관을 방문해보길 바란다. 참고로 나는 어떤 아나운서 아카데미에도 속해 있지 않고 아무런 지분도 없음을 먼저 밝힌다. 외모가 준수하거나, 목소리가 좋거나, 말을 잘하거나, 남들과는 다른 끼가 있거나, 보통 아나운서나 캐스터를 하고 싶다고 아카데미를 찾는 사람은 주변 사람들에게 이 4가지 중 하나라도 들어본 사람일 것이다. 나도 마찬가지였고. 그런데 가끔 캐스터를 하고 싶다는 사람 중에 정말 방송에는 부적합한 사람도 있다. 외모가 됐든 목소리가 됐든 이유는 여러 가지겠지만, 주변 사람들은 모두 아는데 본인만 모른 채 '그래도 나는 스포츠를 좋아하니까'라고 합리화하며 계속 꿈을 향해 달린다. 불가능에 가까운 일을 위해서 시간을 낭비하기보다는 전문 교육기관에서 아주 기본적인 테스트를 받아 보고, 방송인의 길을 권유하는지 만류하는지 들어보자. 물론 상업적인 목적이 짙은 학원에서는 열정만 있다면 할 수 있다고 같이 해보자고 하겠지만, 정말 가망이 없는 경우엔 객관적인 진단을 내려주기도 하니까.

꼭 그런 이유가 아니더라도 아카데미에 다녀보는 것은 강력 추천한다. 전문적인 교육을 받지 않고서는 아나운서 혹은 캐스터가 될 가능성이 0에 수렴하기 때문이다. 2000년대 초반만 해도

주식회사 랩추종윤 ↳ 이주헌, 박종윤

아카데미 출신이 아닌 아나운서도 종종 있었지만, 요즘은 100이면 100 모두 아카데미를 거치는 추세이기 때문에 그렇지 않고선 뒤처질 수밖에 없다. 아카데미를 다녀야 인맥도 넓어지고 소소한 팁과 작은 기회라도 얻을 수 있으니, 실보단 득이 확실히 많을 것이다.

방송인에게 필요한 자질을 갖추고 나면, 스포츠에 관한 세세한 지식을 쌓으려 노력하면 된다. 밤을 새워 축구를 보는 생활은 그때부터 해도 충분하다. 대중적으로 인기 있는 종목에 대한 깊은 이해도 중요하지만, 여러 가지 종목을 얕게나마 두루 알고 있는 것도 큰 도움이 될 것이다.

 축구 해설자를 꿈꾸는 친구들에게. 나는 나름 산전수전을 겪은 국내 최초의 오디션 출신 해설자로서 현실적인 이야기만 하려고 한다. 자기가 대학 축구 이상의 선수 경력을 갖고 있지 않다면 과감하게 포기하는 것이 좋다. 나도 이렇게 냉정하게 말하긴 싫지만, 축구 해설자는 선수 출신이 아니면 성공하기 힘든 것이 너무나도 분명한 현실이다. 이제 선수 출신들이 해설위원을 독식하는 시대가 됐다.

우리가 알고 있는 유명한 비선수 출신 해설위원들의 이름이 하나씩 떠오를 것이다. 2002 월드컵 이후 우리나라 선수들이 대거 해외로 진출하면서 축구 해설자에 대한 수요가 많아졌던 당시에는, 선수 경력 여부와 상관없이 뛰어난 해설 실력만 있다면 가능했던 일이다. 하지만 2020년 현재는 그때와 상황이 많이 다르다. 해외에 진출했던 많은 선수가 은퇴하고 제2의 직업으로 해설자의 길을 택했다. 선수 출신 해설자가 차고 넘치는 지금, 그 벽을 허무는 건 정말 쉽지 않다.

선수 출신은 아니지만 해설자를 할 수 있는 거의 유일한 길은 축구 기자가 되는 것이다. 기자도 인터넷 매체 기자, 메이저 신문사 기자, 방송사 기자 등으로 세분된다. 사회적 지위를 어느 정도 얻어야 해설자의 길로 입문할 수 있을 테고, 그러기 위해서는 작은 인터넷 미디어가 아닌 소위 '좋은 언론사'에 들어가야 함은 당연하다. 좋은 언론사라면 으레 언론고시를 준비해야 한다. 악명 높은 언론고시를 통과하기 위해선 공부를 잘해야 한다는 결론이 난다. 스포츠만 좋아하고 잘 아는 것으로는 턱도 없다.

그렇게 어렵사리 해설자가 된다고 해도 '비선출'이라는 꼬리표는 떼기 힘들다. 많은 스포츠 팬은 선수 출신 해설위원과 비선수 출신 해설위원을 나눈다. 선수 출신보다 비선수 출신 해설위원에 대한 호감도와 신뢰도는 떨어지고, 방송국에서도 매치업의 중요도, 그에 따라 천지 차이가 나는 해설료 등 눈에 보이는 차별이 있을 수밖에 없다. 국가대표라도 지낸 선수 출신은 높은 금액으로 연간계약을 맺지만, 선수 경력이 아주 짧거나 비선수 출신이라면 상대적으로 적은 해설료에 연간 계약은 꿈도 못 꾼다. 선수 출신과 비교당하지 않기 위해, 돈 주고도 살 수 없는 선수 출신의 '경험'을 조금이나마 따라가기 위해 더 많이 보고 듣고, 끊임

주식회사 랩추종윤 ➡ 이주헌, 박종윤

없이 자기를 채찍질하며 노력해야 한다.

　요즘 젊은이들은 아마 몇몇 직업군을 제외하고는 평생 한 직장에 있기만을 원하는 사람은 그다지 많지 않은 것 같다. 다양한 직군을 경험하면서 영리하게 자신의 커리어 패스를 만들어가는 사람이 꽤 많다.

　그래서 우리는 역설적으로, 축구 중계를 하고 싶다면 뉴미디어에 빨리 뛰어드는 방법을 제시하고 싶다. 시대는 변했고, 아나운서나 기자 출신이 아니더라도 중계복을 입을 수 있는 방법에 '축구 크리에이터'가 있지 말라는 법도 없다.

　게임 시장을 예로 들면, 프로게이머가 되어보지 않은 사람이 게임 중계를 하는 경우는 없다. 딱 하나의 케이스가 있다면 성공한 게임 크리에이터들. 게이머 출신이 아님에도 그들에겐 종종 기회가 주어진다. 축구판으로 다시 눈을 돌려도 전례가 아주 없지는 않다. 유명 BJ이자 유튜버인 감스트는 축구 게임 크리에이터로 성공해 지상파 해설에도 진출한 역사를 썼다.

　스포츠 캐스터와 해설자 출신 크리에이터인 우리가 정반대의 케이스를 묘책으로 얘기하고 있다니. 세상은 참 요지경이고, 뉴미디어 시장의 위력을 새삼 느낀다. 한 가지 확실한 건, 정답은 없다. 모로 가도 서울만 가면 되는 것 아니겠나. 꼭 꿈을 이뤄 훗날 중계석에서 우리를 만나면 아는 척해주길 바란다.

① 숫자의 중요성

- 많은 사람을 어릴 때부터 포기하게 만드는 수학까지 가지 않아도 된다. 일상생활에서 쓰는 산수 정도만 잘 이용해도 본인의 크리에이터 생활을 훨씬 더 효율적으로 정리하고 방향을 잘 잡을 수 있다. 일간-주간-월간으로 몇 개의 영상이 올라갔고, 평균 조회 수는 얼마인지, 영상의 평균 길이는 어땠고 그에 따른 평균 재생 지속 시간은 어땠는지를 기록해보자. 각 플랫폼에서 제공하는 통계 페이지를 이용하면 클릭 몇 번으로 간단하게 수치를 확인해볼 수 있다. 첫 번째 목표는 유지고, 그다음 목표는 우상향이다. 기울기는 꼭 가파르지 않아도 된다. 큰 범위에서 우상향을 그리고 있다면 언젠가 폭발하는 순간이 온다.

주식회사 랩추종윤 ↣ 이주헌, 박종윤

15년 뒤,
우리의 꿈이 뭐냐고 물으신다면

　　불과 4, 5년 전만 해도 우리는 하루 벌어 하루 먹고 사는 사람들이나 진배없었다. 인생의 목표는 고사하고, 목표라고 해봤자 당장 눈앞에 놓인 작은 것들, 이를테면 〈히든풋볼〉 1위 만들어보기 라든가, 유료로 전환하고 나서는 '만 명만 들어줬으면' 하고 바랐던 것, 그리고 '돈 좀 벌면 마이크 좋은 거로 싹 다 바꿔야지' 같은 소박한 꿈이 전부였다. 그러다가 우리가 좀 더 유명해지면 어디 방송국에서 한 번이라도 불러줄지도 모른다는 상상을 하며 하루하루 버텼다. 먼 미래를 예상하기에 우리는 언제 무너질지 모르는 모래성 같았다.

　　우리가 우리 이름으로 된 회사를 차리고 지금과 같은 형태로 많은 직원과 함께할 거란 상상은 감히 해본 적도 없다. 농담으로라도 '나중에 회사 차리자'라는 말 한마디 했더라면 지금 그때를 상상하며 피식 웃기라도 할 텐데. 우린 아직도 지금이 꿈만 같고, 더할 나위 없이 뿌듯하다. 밑바닥에서부터 시작해 어엿한 회사의 대표가 된 우리. 그 어두웠던 시절을 알고 있는 사람들에게 좋은 평가를 받고 인정받을 때면 가슴이 퍽 벅차다.

프리랜서 해설위원과 프리랜서 캐스터가 개인 방송을 시작해 회사까지 만든, 전례 없는 일을 우리가 해냈다. 아마 앞으로도 이런 조합은 나오기 쉽지 않을 것이다. 어디가 밝은 길인지도 모르는 채로 꿋꿋이 나아가는, 모험과도 같은 이 일이 설렌다. 방송을 처음 시작했을 때의 그 감정과도 비슷하다. 사업의 규모가 더 커지고 많은 곳에서 우리에게 손을 내밀 때 그 희열은 말로 다 할 수 없다. 우리 서로에게 진심으로 수고했다는 말을 전하고 싶다.

 우리 회사의 경쟁력은 누가 뭐래도 '박종윤'이다. 박종윤이 없었다면 이 자리까지 절대 올라올 수 없었을 거라 확신한다. 여러 번 얘기했지만, 회사 업무의 90% 이상을 책임지고, 늘 나에게 동기부여가 되며 나를 잡아주는 사람. 우리 회사의 엄마 같은 존재다. 종윤이는 크리에이터로서도 이렇게 성공했지만, 어떤 일을 했더라도 환영받았을 인재다.

 이주헌은 〈이스타TV〉의 아이덴티티다. 우리 회사가 큰 연예 기획사라고 치면 회사의 대표 아티스트인 격. 콘텐츠에 맞게, 입맛에 맞게 이렇게도 저렇게도 변신할 줄 아는 천부적인 재능이 있다. 진행을 하는 사람으로서 이보다 더 좋은 방송 재료는 없다.

주식회사 랩추종윤

희한하리만치 일의 양과 반비례하는 그 잠재된 능력치가 어마어
마하다.

앞으로 우리의 최우선적인 꿈은 같다. 오로지 회사의 성장이다. 우
리의 캐릭터를 오랫동안 잘 살려서 더 많은 매출을 올리고 싶고, 더 안
정적인 기업이 되어 축구를 좋아하는 많은 친구가 일하고 싶어 하는
회사를 만드는 것이다. 더 나아가서 대기업에서 인수 제의를 받는 정
도까지 이른다면, 정말 좋겠다.

우리는 이 일을 지금처럼 딱 15년만 더 하고 싶다는 말을 버릇처럼
내뱉곤 한다. 소망대로 회사가 점점 잘 되고, 큰 위험 없이 이대로 딱
15년이 지나면 우린 어떤 삶을 살고 있을까.

이주헌

우리에게 랩추종윤은 참 고마운 존재다. '육교에서 축구공을 팔아도 잘팔 것 같아서' 나를 선택했다는 아내에게, 그리고 눈에 넣어도 아프지 않을 두 딸에게 부끄럽지 않은 가장이 되게 했고, 경제적으로 불안하지 않은 가정을 만들었다는 뿌듯함을 주었다.

일단 딸이 조금 더 크면 아빠가 나온 유튜브 영상들을 봤으면 좋겠다. 못 보게 하는 건 아니지만, 지금은 딸이 아빠가 방송을 한다는 것에 큰 관심이 없는 것 같다. 다행히 영상은 잘 보존되어 있으니 딸이 세상을 조금씩 알게 될 때쯤 아빠가 지금까지 어떻게 살아왔는지 그간의 영상들을 봤으면 한다. 때론 망가지기도 하고 우스운 모습도 보이는, 집에서와는 다른 행동들을 보면 딸이 어떻게 생각할지 궁금하다. 내가 우리 딸을 잘 키웠다면, 그런 아빠를 보고 조금은 슬퍼하지 않을까. 치열하게 살아온 아빠의 모습을 이해하고 다독여준다면, 생각만으로도 코끝이 찡해온다.

개인적으로는 아마추어 골프대회에서 우승하는 게 꿈이다. 단순한 취미로, 여가 생활로써 골프를 치려는 것이 아니라 스포츠로서 정말

주식회사 랩추종윤

잘하고 싶다. 하지만 지금 당장 전념할 부분은 가정과 회사인 것을 잘 알고 있기에 지나친 열정은 접어두고 있다.

많이들 아는 것처럼 나는 축구 선수로서 끝내 성공하지 못했기 때문에, 다른 스포츠에서라도 그 미련을 풀고 싶은 마음이 남은 듯하다. 이 나이 먹고 새롭게 골프에 몰입하면서 축구부에 처음 들어갔을 때의 설렘을 느꼈다. 단체 스포츠만 하다 보니, 혼자 치는 골프는 너무 매력적이었다. 오로지 공과 나와의 싸움, 그 작은 움직임에 집중하는 것이 좋다.

사실은 골프에 입문하고 골프 영상을 만들어 올렸다가 시청자들의 부정적인 반응에 된통 혼이 났다. 고급 스포츠라는 이미지가 있긴 하지만, 골프가 대단히 값비싼 여가도 아니고 누구나 마음만 먹으면 시작할 수 있다고 생각한 나로서는 잘 이해가 되지 않았다. 하지만 깊게 박힌 인식을 쉽게 고칠 수는 없기에, 한발 물러서 〈히든골프〉라는 채널을 따로 만들었다. 지금은 잠정 휴업 상태지만, 보란 듯이 이 채널을 성공시킬 것이다. 축구 해설도 내가 좋아서 시작했던 것처럼 골프도 열심히 배워서 나만의 골프 콘텐츠를 모두에게 선보이고 싶다.

박종윤

우리에게 랩추종윤은 참 고마운 존재다. 한 집안의 큰아들로서 적성에 맞는 일을 찾아 부모님께 믿음을 드렸으며, 직장에 다니면서 '남의 돈'을 받던 생활보다 항상 즐겁게 일할 수 있다는 것에 만족감을 얻게 해줬다.

나는 아직도 독립 영화, 인디 음악에 대한 동경이 있다. 하지만 수익 창출이 어려운 그 일은, 사업가로서 내 가치관에 위배되는 일이기 때문에 지금은 절대 할 수 없다. 회사가 더 성장해서 내가 취미생활에 눈을 돌릴 수 있는 여유가 된다면, 나는 인디 음악을 듣고 독립 영화에 빠져 살고 싶다.

대학교에 가기 너무 싫었던 20대 초반에, 내가 학교에 가서 유일하게 한 번도 빠지지 않고 들었던 수업이 하나 있다. 영화 평론가 교수님이 강의하셨던 '영화의 이해'였다. 내가 가뜩이나 좋아하던 영화 애기를 전문가에게 들을 수 있던 그 시간은 나에게 수업으로 다가오지 않았다. 영화 책만 한 트럭씩 사다 보고 교수님의 이야기에 집중했더니 그 과목만 사람 같은 성적을 받았다. 그때의 열정에 다시 불씨를 지펴

지방 영화제에도 다니고 인디 음악 페스티벌도 즐길 수 있는 삶, 상상만 해도 좋다.

그리고 또 하나의 꿈은 어린 시절 치다 말았던 피아노. 15년 정도를 쳤는데 지금은 일이 바빠 아예 못 치고 있다. 피아노 잘 치면 어른이 돼서 엄청 멋질 거라고 엄마가 말씀했는데, 10년쯤 지나고 회사 일을 좀 줄여도 문제가 없을 정도에 이르면, '피아노를 잘 치는 멋진 어른'이 되고 싶다.

머리가 희끗희끗한 중년이 되어, 많은 말 하지 않고 유려하게 피아노를 치는 영상을 유튜브에 올린다면 어떨까. 한때는 축구 캐스터였고, 축구 크리에이터였던 한 남자의 색다른 도전, 그 또한 꽤 멋진 경험일 것 같다.

에필로그 _ 15년 뒤, 우리의 꿈이 뭐냐고 물으신다면

주식회사 랩추종윤

초판 1쇄 펴낸 날 | 2020년 11월 20일
초판 2쇄 펴낸 날 | 2020년 12월 31일

지은이 | 이주헌, 박종윤
펴낸이 | 홍정우
펴낸곳 | 브레인스토어

책임편집 | 박진홍
편집진행 | 양은지, 박혜림
디자인 | 이유정
마케팅 | 김에너벨리
정리 | 봉지민

주소 | (04035) 서울특별시 마포구 양화로 7안길 31(서교동, 1층)
전화 | (02)3275-2915~7
팩스 | (02)3275-2918
이메일 | brainstore@chol.com
블로그 | https://blog.naver.com/brain_store
페이스북 | http://www.facebook.com/brainstorebooks
인스타그램 | https://www.instagram.com/brainstore_publishing

등록 | 2007년 11월 30일(제313-2007-000238호)

© 브레인스토어, 이주헌, 박종윤, 2020
ISBN 979-11-88073-59-7(03190)